СВОБОДНОЕ ДЫХАНИЕ ПЕЧАЛИ

поэзия в переводах Анатолия Якобсона

БОСТОН • 2018 • BOSTON

Книга издана на средства родственников
и учеников Анатолия Якобсона

Свободное дыхание печали
Поэзия в переводах Анатолия Якобсона

Составители: Александр Зарецкий, Василий Емельянов, Георгий Ефремов, Майя Улановская

Редактор: Георгий Ефремов

The Serene Breathing of Sadness
Poetry in Translations by Anatoly Yakobson

Compiled by Alexander Zaretsky, Vasily Yemelianov, Georgy Yefremov, Maya Ulanovskaya

Edited by Georgy Yefremov

Copyright © 2018 by Alexander A. Yakobson
Copyright © 2018 by Authors

All rights reserved. No part of this book may be reproduced or utilized in any form or by any means, electronic or mechanical, including photocopying, recording, or by any information storage and retrieval system, without the written permission of the copyright holder.

ISBN 978-1-940220895
Library of Congress Control Number: 2018947934

 Мемориальная Сетевая Страница А. А. Якобсона
Интернет-портал «Иерусалимская Антология», © 2018
http://www.antho.net/library/yacobson/index.html

Иллюстрации: М. Коренева © 2018
Обложка: Н. Коэн © 2018

Published by M·GRAPHICS | BOSTON, MA

- www.mgraphics-publishing.com
- info@mgraphics-publishing.com
  mgraphics.books@gmail.com

Printed in the USA

Книга переводов моих посвящается Гелескулу

А. Якобсон. *Из дневников*

Анатолий Якобсон

От составителей

*Наш учитель, — он, создавший наш мирок:
вдохновитель, предводитель и пророк, —
знал, заметим, в совершенстве ремесло.
Жаль, что детям так, как нам, не повезло.*

*Он нам не только объяснил про Бога, мать и душу,
он нам не просто указал тропинку на Парнас —
он из кромешного дерьма нас вытащил наружу,
и нам вовеки не забыть, что значит он для нас.*

Наш учитель...

Марк Фрейдкин

Короткая жизнь Анатолия Александровича Якобсона[1] (30 апреля 1935 — 28 сентября 1978) была ослепительна и катастрофична, она, подобно небывалой комете, озарила и ослепила многих из нас. Это был подлинный Учитель словесности, истинный поэт и неповторимый переводчик, уникальный мыслитель, блестящий публицист, трибун, боксёр, рыцарь — решительный и обаятельный, верный друг и заядлый спорщик, неотразимый поклонник прекрасных дам, любитель дружеских застолий, собиратель и автор солёных частушек. Средой его обитания была Поэзия.

Анатолий Якобсон — человек разнообразной одаренности, страстный исследователь творчества Блока и Пастернака, переводчик Петрарки, Верлена, Лорки, Эрнандеса, Готье и Мицкевича.

Мастерство поэтического перевода А. Якобсон перенял у выдающихся поэтов XX века — Марии Петровых и Давида Самойлова.

До эмиграции Анатолий Александрович был некоторое время учителем истории, литературы и русского языка в одной из лучших российских школ — Второй московской математической,[2] основанной знаменитым Владимиром Фёдоровичем Овчинниковым.[3]

Анатолий Якобсон, директор школы Владимир Овчинников, завуч Герман Фейн.[4] 1968 г.

Якобсон воспитал сотни учеников, которым проповедовал «*Совесть, Благородство и Достоинство*»;* он преподавал подлинную литературу — Блока, Пастернака, Ахматову, Цветаеву, Мандельштама, Бабеля, Платонова. Ученики до сих пор помнят и чтят замечательного преподавателя, человека редкой естественности, порядочности и образованности.

В блистательной лекции о поэзии Серебряного века, прочитанной во Второй московской математической школе, Якобсон заметил: «Наши потомки могут, к несчастью, забыть, что мы, их предки, жили в эпоху Рябого и Адольфа. Но они не забудут, что мы жили в эпоху Эйнштейна и Пастернака».

Квинтэссенцией общественной деятельности Анатолия Якобсона, члена Инициативной группы по защите прав человека в СССР и редактора неподцензурной «Хроники текущих событий», было активное нравственное ненасильственное сопротивление советскому режиму — *«обыкновенному социализму»*. Якобсон был одним из немногочисленной когорты

---

* Из стихотворения Булата Окуджавы «Святое воинство».

непокорных, открыто выступавших против злодейского государства, в защиту несправедливо осуждённых, всех униженных и оскорблённых, изгнанных из родных мест, в защиту отказников — за право на репатриацию и эмиграцию, за свободу вероисповедания.

Может ли неравнодушный и искренний человек жить по правилам, принятым в тоталитарном обществе? На этот вопрос Якобсон отвечает в своих открытых публицистических обращениях, книге «Конец трагедии», на страницах «Хроники текущих событий»:[5]

«...правда нужна ради правды, а не для чего-либо ещё; что достоинство человека не позволяет ему мириться со злом, если даже он бессилен это зло предотвратить. ...Общепонятно лишь одно: «благоразумное молчание» может обернуться безумием — реставрацией сталинизма»;

«...достоинство человека (и всякой группы людей) состоит не в том, чтобы подчиниться исторической необходимости, если эта необходимость враждебна человеку, а как раз наоборот: в том состоит достоинство человека, чтобы противиться такой необходимости. Лучше дать этой самой закономерности проложить себе дорогу через твой труп, чем помогать ей (участием или даже безучастностью) прокладывать дорогу через трупы других людей...»;

«...Стоит прислушаться к практической рекомендации АЛЬБЕРТА ЭЙНШТЕЙНА: «Что должна делать интеллигенция, столкнувшись с этим злом? По правде, я вижу только один путь — революционный путь неповиновения в духе Ганди... если достаточное число вступят на этот опасный путь, он приведет к успеху. Если нет, тогда интеллигенция этой страны не заслуживает ничего лучшего, чем рабство». А еще ЭЙНШТЕЙН сказал: «В силах одного человека лишь служить примером для других и мужественно защищать нравственное начало...».

Правозащитной деятельностью Анатолий Якобсон не бравировал. Редактировал не какой-нибудь графоманский альманах, а «Хронику текущих событий», за что полагалось 7 лет лагерей строгого режима и 5 лет ссылки. А «Хроника» говорила о вопиющем государственном произволе, массовых беззакониях и преступлениях власти.

Анатолий Якобсон тяжело заболел после приезда в Израиль, после того, как охранка выдавила его из Советского Союза. Он провёл несколько месяцев в больнице в тяжелейшем состоянии и после этого сумел противостоять болезни, защитить диссертацию о творчестве Блока и Пастернака, приступить к написанию книги о Марине Цветаевой...
Но болезнь его не отпустила. Якобсону физически не хватило времени, чтобы реализовать себя полностью как литератора. Отпущенную ему жизнь Анатолий Якобсон прожил достойно, не став конформистом, оказав *«осветляющее, озаряющее, потрясающее влияние на разум и дух современников»*.

Исключительный литературный вкус и способности к стихосложению не смогли, по многим обстоятельствам, адекватно проявиться в оригинальном творчестве Анатолия Якобсона. Но его свершения в области поэтического перевода чрезвычайно высоко оценены как профессиональными исследователями стиха, так и всеми, кто ценит полнокровную поэтическую речь, для кого она — сама жизнь, её состав, её вкус и воздух:

«Толя переводит превосходно. Надо, необходимо помочь ему — сделать, чтобы эта работа стала в его жизни главной. Он будет великолепным переводчиком. Все, что он сейчас делает, — выше всех похвал. Победно преодолевает трудности, казалось бы непреодолимые...
Толя больше всего на свете любит литературу, больше себя, больше всего. О многих ли из литераторов именитых можно это сказать?»

Мария Петровых

«Стоит задуматься, кого он переводил. Бесприютный Мицкевич, нищий Верлен, казнённый Лорка, угасший в тюрьме Эрнандес. Стихи, оплаченные жизнью — он и принимал их в себя как чужую, вверенную ему жизнь. ...переводческая вершина Якобсона — сонеты, и здесь у него мало соперников».

Анатолий Гелескул

«По складу Якобсон, мне кажется, тяготел к гармонии, может быть, родился для нее. Но зоркость мемуариста — ближайшего друга — подмечает черты необъяснимого сиротства, о том же говорят дневники самого автора. Не думая даже касаться тайны личности, питающих и покидающих ее сил, скажу лишь о глубочайшем внутреннем драматизме, сполна ощутимом, конечно же, в поэзии — в якобсоновских переводах. Помню его опубликованного в семидесятом Эрнандеса, еле переносимое соединение пылкой мощи с отчаянной недостижимостью цели. Сонеты гудели словом «мука». У Якобсона и Петрарка прочитан глазами Микеланджело. Но, как знать, не было ли здесь чего-то более общего, чем сугубо личные особенности или обстоятельства? О невыносимости безвременья, тесноте его рамок для недюжинной личности уже говорилось. Может быть, и подспудная нота в строе российской поэзии, «крик рождением выброшенного в этот мир ребенка, испуганного этим миром до конца жизни», отвечали чему-то в складе характера — ведь услышал же он этот крик. Тяжесть эпохи, сужающей горизонт мысли и поступка, нельзя сводить лишь к насилию власти. Давление принудительной партикулярности существования было не меньшим. А возможности литературы не беспредельны. Распутать узел, в котором столько сошлось, одному и в краткие отпущенные годы вряд ли кому под силу. От выбора Якобсон ни на йоту не отступился, но чего этот выбор стоил, вправе был бы сказать только сам».

Борис Дубин

«Анатолий Якобсон — человек поразительного таланта не только профессионального (блестящий переводчик, любимый учитель, глубочайший литературовед), но и человеческого, душевного».

Наталья Горбаневская

«Все переводы — посильны, будь то переводы Маршака или Пастернака. Анатолий Якобсон с достоинством и по его силам выполнил, не без помощи подстрочников, конечно, задания издательства «Художественная литература». Переводы эти ясны и убедительны».

Павел Грушко

«Прекрасно перевел туманяновские стихотворения Анатолий Якобсон. Он удивительно точно уловил основные черты стиля поэта, заметившего как-то, что поэзия должна быть ясна, как человеческий глаз, и как глаз же сложна. Эту ясность и сложность одновременно, скрытый лиризм и глубокий подтекст туманяновского стиха воссоздал Якобсон в переводе стихотворения «Պատրանք» («Видение»)».

Магда Джанполадян

«Поэтом-переводчиком он был превосходным. Стихи Лорки, Эрнандеса, Готье, Верлена в его переводах равнозначны подлиннику. Якобсон изумительно чувствовал взаимосвязи между звуковым обликом и тематикой, между пульсирующим движением стиха и смыслом, и воспроизводил их с блистательной виртуозностью. Он находил точные языковые эквиваленты для передачи тончайших особенностей оригинала: тональности, регистра речи, образности, ритма, колорита и т.д.»

Владимир Фромер

«Анатолий Якобсон — гениальный переводчик, блестящий филолог и поэт, ученик Давида Самойлова...»

Дмитрий Быков

«...У Якобсона с поэтическим переводом всегда было проблемой то, что он никогда не мог выдержать сроков издательских. Он всегда опаздывал со сдачей работ не потому, что он не работал, а потому, что он работал чудовищно тщательно, чудовищно требовательно к себе. Он не мог сдать работу, если чувствовал, что он чего-то не дотянул... Черт, хотел сказать: «Спросите у Гелескула». Но уже не спросишь у Гелескула, увы».

Александр Даниэль

ОТ СОСТАВИТЕЛЕЙ

«У него всё было на лице. Достаточно просто нарисовать точный реалистический портрет. Эти расширенные, как ножом вырезанные ноздри, это пламя в лице, это лицо боксера, который готов броситься в атаку. Пожалуй, огонь — это самое точное определение, именно огонь я в нем всегда и чувствовал. А чего стоил его пронизывающий взгляд! Я думаю, он жил в каком-то своем мире, его мозг был в постоянном напряжении, в бесконечном раздумье, он анализировал всё, на чем останавливался его взгляд. Самое поразительное в нем было — это искренность. Он не примерялся к человеку, его слушающему, не пытылся произвести на него впечатление. Для него каждый человек был равным ему».

Виктор Кульбак, художник

* * *

Настоящее издание — первое полное собрание известных нам поэтических переводов Анатолия Якобсона, выполненных им в 1959–1978 гг. — приурочено к 40-й годовщине его трагической гибели.

Сборник включает переводы А. Якобсона, вошедшие во многие поэтические сборники, изданные на его родине, благодаря поддержке Валерия Сергеевича Столбова — заведующего Редакцией литератур Латинской Америки, Испании и Португалии в московском издательстве «Художественная литература» — и Анатолия Михайловича Гелескула.

Переводы были также опубликованы в книге А. Якобсон «Почва и судьба», Вильнюс–Москва, 1992, издательства «Весть» и на Мемориальной Сетевой Странице (МСС) А. Якобсона, основанной Василием Емельяновым (1945–2008) в 2003 г., при интернет-портале «Иерусалимская Антология» http://www.antho.net/library/yacobson/index.html.

В разделе «Приложения», читатели найдут знаменитую статью А. Якобсона о переводах 66-го сонета Шекспира, отрывки из дневников Анатолия Александровича и его лекции о переводах.

* * *

Благодарим всех, кто помогал в создании этой книги, и в первую очередь тех, кто ниже поименован в алфавитном порядке:

Светлана и Полина Айнбиндер *(Иерусалим)*, Константин Азадовский *(С.-Петербург)*, Лена Барбараш, Владимир Гершович, Наталья Григорьева *(Иерусалим)*, Linda Gerstein *(Haverford)*, Михаил Гребнев *(Москва)*, Александр Грибанов, Павел Грушко, Steven Denmark *(Бостон)*, Наталья Доценко, Мария Дементьева *(Москва)*, Магда Джанполадян *(Ереван)*, Эдуард Думанис *(Рочестер)*, Ирина Еремейкина *(Москва)*, Юлий Китаевич *(Нью-Йорк)*, Мария Коренева *(Бостон)*, Наталья Малиновская, Галина Медведева *(Москва)*, Михаил Минаев *(Бостон)*, Альберт Налбандян *(Ереван)*, Джессика Платнер *(Иерусалим)*, Анна Ракитянская *(Бостон)*, Игорь Рейф *(Франкфурт-на-Майне)*, Маргарита Рупперт, Владимир Рыбин *(Aachen)*, Каринэ Саакянц *(Ереван)*, Анатолий Сивцов *(Москва)*, Тамара Смирнова *(Бостон)*, Майя Улановская *(Иерусалим)*, Рафаил Фишман *(Москва)*, Peter France *(Эдинбург)*, Владимир Фромер *(Иерусалим)*, Альба Шлейфер *(Цинциннати)*, Максим Шраер *(Бостон)*, Александр Якобсон *(Иерусалим)*.

Особая благодарность Василию Емельянову — создателю Мемориальной Сетевой Страницы Анатолия Якобсона.

Просим отправлять все замечания, дополнения и предложения в гостевую книгу МСС по адресу **http://www.antho.net/library/yacobson/comments.html**

*От имени составителей
Александр Зарецкий, Георгий Ефремов
5 марта 2018 г.*

Анатолий Гелескул

Анатолий Гелескул*

Русская поэзия была его пристанищем на земле**

Анатолий Якобсон себя как переводчика недооценивал и, боюсь, не слишком ценил. Сколько помню, чужие работы занимали его больше своих — там он находил искру Божью, у себя же не находил, либо сомневался. Было в этом душевное бескорыстие, которое ощущалось и покоряло в нём с первой встречи. Была, конечно, и присущая лишь одарённости неуверенность. И была необыденность, особинка, знак личности. В пору, когда мы встретились (начало 60-х), у литераторов, тем паче молодых, в моде было гениальничать. Якобсона же от самоуверенности и то передёргивало.

Одна поэтесса как-то спросила у него:

— Почему Вы не член Союза? — Вопрос слишком несуразный, чтобы отвечать; однако он ответил — и почти торжественно:

— В Союзе писателей состоят писатели, а я даже не графоман.

Кажется литературной шуткой. Но шутка невесёлая, до сих пор её вспоминаю с непонятной горечью и угадываю знакомый отзвук. Якобсону нравились стихи Василия Пушкина — не «парнасского дяди» Василия Львовича, а своего приятеля, стихотворца безвестного, зато знаменитого боксёра:

---

* © Анатолий Гелескул, 2018. Печатается с разрешения Натальи Родионовны Малиновской.

** Статья А. М. Гелескула о Якобсоне-переводчике была написана специально для сборника «Почва и судьба», но в него не вошла: вместо неё появилась его вступительная статья «На полях книги». Возвращаем статью о Якобсоне-переводчике на предназначенное ей место.

Впервые напечатана 12 августа 1988 г. в «Русской мысли» № 3737, Париж, вместе с подборкой переводов под общим названием «Памяти Анатолия Якобсона», к десятилетию со дня гибели. (*Прим. В. Емельянова и Г. Ефремова*).

*Я не поэт и не писатель
И даже не руководитель,
Но говорю вам:
Всё бросайте
И уходите.*

К месту или нет, но вспомнилось, как поют на глухом хуторе бунинские охотники — «прикидываясь, что они шутят, подхватывают с грустной, безнадёжной удалью». Тоска, как песня, не исчерпывается смыслом.

Много позже, когда Якобсона приняли в Пен-клуб, он комментировал это событие, словно оправдываясь:

— По уставу членом может быть любой способный и честный литератор. Я не бездарен и уж тем более не бесчестен.

Я не берусь, да и не вправе, гадать, каким было его литературное самосознание и какое место в нём занимала переводческая работа, — просто расскажу о ней, что помню. Благодаря ей мы встретились и не раз потом работали рука об руку, в одних книгах.*

Почему вообще он переводил? Речь не о первоначальном побуждении — оно бывает разным и часто случайным. Но само переводческое дело требует терпеливости и известного смирения. Явно не эти невзрачные добродетели отличали Якобсона. И все же он переводил. Даже накануне отъезда переводил Петрарку, без малейшей надежды напечатать, и продолжал переводить, тоже без малейшей надежды, вне России. Его отношения со словом были любовью, а любовь «долго терпит и никогда не перестаёт».** Но думаю, что и эта беззаветность ещё не всё объясняет.

Как-то он заговорил о переводческом семинаре, куда ходил не один год, и сказал о своих учителях:

---

* Из письма в Москву Иветте Фалеевой, любимой учительнице, 2 июля 1974 г.: «...я не поэт, а поэт-переводчик... Это тоже прирождённое, а не одна техника. И это отличное поприще. Я горько сожалею, что посвятил этому в 100 раз меньше времени и сил, чем надо было посвятить. Так — за всяческой суетою, по глупости и по лени — я пренебрёг в конечном счёте своим призванием». (*Прим. В. Емельянова*)

** Первое послание к Коринфянам, глава 13.

— Они внушили главное: «Пиши как можешь — переводи лучше, чем можешь».

Учителя у него и вправду были на зависть: Мария Петровых и Давид Самойлов — любимые поэты, близкие люди, почти родные, и в прямом смысле учителя (вели упомянутый семинар). Со своим символическим учителем — Пастернаком — он, по-моему, ни разу в жизни не встретился.

Убеждён, однако, что сказанное было не цитатой, а его собственной формулой. Это не литературная декларация — «лучше, чем можешь» применимо ко всему — и не декларация вообще. Стоит задуматься, кого он переводил. Бесприютный Мицкевич, нищий Верлен, казнённый Лорка, угасший в тюрьме Эрнандес. Стихи, оплаченные жизнью — он и принимал их в себя как чужую, вверенную ему жизнь. Обходиться с ней «хуже, чем можешь», полагал бесчестным.

Среди его лоркианских переводов выделяется один — «Нежданно»; для меня он стоит рядом с переводами Цветаевой. Это маленькое стихотворение — его безуспешно переводили и до, и после Якобсона — трудно своей полифонией, сплавом песни и разговорной речи, тревожных ночных голосов, но главное — своей подлинностью. Мог бы Якобсон перевести, если бы смотрел на убийство иначе, чем Лорка, — отвергая его, но сознанием, а не всем своим существом? Помню, как подробности гибели Лорки, в то время скудные, вызвали у него слёзы.

Перевод — дело любовное, иначе он безрадостен. Надо сказать, мы тогда не числили себя переводчиками, тем более — профессионалами. Говорю «мы», потому что ощущение было обоюдным — не берусь его прояснять, но в общем не чувствовали мы себя «почтовыми лошадьми просвещения». Скорее любопытными стригунками, отбившимися от табуна. Переводы были странствием, походом в неведомый край — и не за добычей, а за обострённым чувством жизни. Всё кропотливое и тягостное, наверно, забылось, а вот азарт и привкус приключения памятны. У нашего поколения, в сущности, не было детства, зато юность — долгая, затяжная; должно быть, и мы были моложе, чем казались. Понятие «рабочий стол» и даже «работа» отсутствовали в сознании; всё делалось на ходу, когда угодно и где угодно. Помню, как на полночной подмосковной платформе, заляпанной мокрым снегом, окончательно сложилось верленовское «Наваждение». Мы долго ждали поезда, и Якобсон, спиной к дождю, хмуро бормотал последнюю строфу — перебирал варианты арестантской побудки. И всё как-то не звучало: слишком резко, или слишком натурально, или слишком по-русски. Вдруг он произнёс, уже в голос: «Подымайтесь, свиньи!» — нам стало хорошо, а запоздалая, вроде нас, фигура на перроне вздрогнула. Происходило это, по-моему, в Опалихе. Надвигалась весна, потёмки хлестал сырой ветер, и было бодро и неуютно, как перед дальней дорогой. Тогда она казалась долгой.

Это стихотворение двойной яви, и мнимая простота его коварна. До Якобсона его переводил Иннокентий Анненский и, кажется, даже не догадался, что оно тюремное.

Не знаю, когда и где переводилась «Осенняя песня», но, судя по напору ветра — не в четырёх стенах. Этот перевод, с его блоковской гибельностью, И. А. Лихачев, великолепный знаток европейской поэзии, назвал «густо-талантливым». Однако в книгу его не включили как слишком вольный (т.е. смелый, говоря по-человечески).

И Верлена, и других он переводил с подстрочников (знал английский, но, по-моему, английских стихов никогда не касался). Перевод с подстрочника для меня по сей день загадка; видимо, здесь у каждого свой секрет — и у него был тоже. Секрета не знаю, а сами подстрочники помню хорошо, Якобсон обходил с ними добрый десяток друзей и знакомых, из числа знавших язык. Чисто географически я оказывался обычно в конце этой очереди и видел уже не подстрочник, а какой-то ветхий манускрипт с обозначением пиратского клада. Всё было исчёркано то мелким, то крупным, то гигантским почерком, испещрено кружками, стрелками, какими-то средневековыми нотными знаками — не то партитура, не то криптограмма. Как он в этом разбирался — Бог весть. Подозреваю, что никак; к тому времени, когда подстрочник становился окончательно невнятным, всё уже было в голове, а из невнятицы стройно вырастал сонет.

Не помню, чья строка: «...бумажный цветок, как сонет в переводе». Действительно, какая-то заклятая форма — ровным счётом ничего головоломного, а переводы спотыкаются на второй строфе и не чают дохромать до конца. А ведь сонет возник, наперекор куртуазным вычурам, как торжество простоты, и чем только не оборачивался — письмом, прокламацией, даже теоремой (и такое бывало). В пьесах Лопе сонетами ведут диалог влюблённые.

Видимо, в Россию сонет пришёл слишком поздно, в не лучшую для себя предромантическую пору, да так и остался иностранцем. Всё, что вросло в почву, преображается; английский или французский сонет самобытны. Наш скопирован, и в этом, наверно, дело. Быть может, собственно русская сонетная форма, созвучная природе языка, — это онегинская строфа. Но она неотчуждаема (хотя двумя-тремя веками раньше могла стать каноном).

Отступление невольное, но необходимое, потому что переводческая вершина Якобсона — сонеты, и здесь у него мало соперников. Это знаменательно. Стиховая культура и техника бесспорны, но в самом обращении к сонету сказалась скрытая, во всяком случае, не самая явная, черта его натуры — внутренняя собранность. Она не бросалась в глаза — размашистые краски как бы скрадывали твёрдый рисунок личности. Он вообще любил ясность, логику и даже в обыденной речи был афористичен. Но это подробности внешние, и не хотелось бы упрощать. О себе он рассказал сам — книгой о Блоке. Мне кажется, многое там понято через себя, и особенно это: «Трагическая раздвоенность, боль разрыва, есть тоска по гармонии».

Кстати, сказанное о русском поэте справедливо и для испанского, которому Якобсон-переводчик отдал, наверно, больше души, чем кому-либо. Для сонета Испания стала второй родиной, за шесть веков — море сонетов, и лишь пять-шесть недоступных утёсов над волнами. Один из них — Мигель Эрнандес, прямой — через века — наследник Гарсиласо и Кеведо. Свои сонеты он создал молодым, а случилось так, что они ненадолго, но продлили ему жизнь. Силясь отменить смертный приговор поэту, друзья прибегли к ватиканским связям, и чтобы внушить, о ком, о какой жизни просят, предъявили книгу сонетов. Приговор был смягчён.

Абстрактное представление о сонете худосочно, это ему переводы обязаны одышкой, пресным языком и пятистопным ямбом для всех времен и народов. В ходячем представлении сонет — сама благовоспитанность; оттого-то переводы аккуратны, как консервы, а у поэтов — какое-то племенное сходство. А с какой, собственно, стати? Ни у латинян, ни у галлов нет такого единообразия, равно как и пятистопного ямба.

Эрнандес в переводах Якобсона — это десять сонетов и пять стихотворных размеров (ритмов, естественно, вдвое больше). Отсюда и полнозвучие. Музыка — в природе сонета, от неё он получил свое имя, и недаром в испанских песенниках Золотого века сонеты шли вперемежку с народными песнями.

У Якобсона почти неощутима техническая заданность. Суровые, горькие или жаркие, это прежде всего стихи, только строго организованные. Слово «чекан» как будто растворено в гулком звучании:

Как бык, порождён я для боли, и жгучим,
клеймящим железом, как бык, я отмечен.
Мой бок несводимым тавром изувечен,
мой пах наделён плодородьем могучим.
Как бык, не владею я сердцем гремучим, —
огромное сердце измерить мне нечем...

Не ритм, а калёное эхо деревенской кузни. И разве не чеканны сонеты «В каком-нибудь селении» или «Проходят по тропинке сокровенной»? Или «Смерть в бычьей шкуре»? Но какое при этом долгое и вольное дыхание! Стих не топчется, не раскачивается, чтобы в конце разразиться афоризмом, но движется чётко и упруго, как боксёр на ринге.

Сам Якобсон лучшим считал сонет «Когда этот луч перестанет струиться», но, по-моему, втайне любил другой, и даже иногда декламировал его — без малейшей распевности, скорее отрывисто, но как-то поднимая до мелодии. Тогда я не знал ещё, что в старину сонеты пелись.

Мягче и чуть архаичней остальных, этот сонет — самый воздушный из них и самый возрожденческий.

Вот лилия, проснувшись на холме,
свершила сокровенное усилье —

*и распахнулись ангельские крылья,
слепящие, как молния во тьме.*

Стоит точка, но фраза не глохнет, а парит в воздухе, и вот уже подхвачена новой строфой:

А это значит, что конец зиме.

Лёгкая дань Пастернаку, но для Эрнандеса, пастуха и книгочея, звучит естественно. И так же естественно великолепное завершение: «Лишь я стою один, заворожённый». Стих щёлкает, цокает, журчит и влажно дышит молодой весенней тоской.

Таков средиземноморский сонет — он не строится, а льётся, и строфы распахнуты навстречу друг другу. Как удавалось Якобсону, не зная языка, слышать подлинник — для меня загадка.

И другая загадка. Из отобранных (собственноручно) сонетов он перевёл две трети (может быть, чуть больше). Насколько помню, никакие внешние обстоятельства тогда не мешали. Так было не раз (и с Верленом тоже) — ощутив победу, бросал работу. Устал, соскучился? Или разочаровался? Но бывали работы заказные, по обязанности, и при том объёмистые; помню, как он переводил старинные испанские децимы, дидактические и отчётливо скучные, переводил с ненавистью, ворчал на усопшего классика: «Попадись он мне в руки на полчаса, я бы отучил его от стихов», — и всё же довел до конца.* А с любимой работой происходило иначе. Действительно ли чувство удачи и облегчения расхолаживало его, а сделанное переставало радовать, или причина глубже? То, что зовётся вдохновением, для переводчика означает достижение свободы. Может быть, он избегал пользоваться уже достигнутым, — и заподозрив, что движется по инерции, останавливался? Грань между поэзией и не-поэзией была для него гранью между правдой и притворством.

Так оно или иначе, одинаково грустно.

---

* Тирсо де Молина. *Толедские виллы.* — М.: Художественная литература, 1972. Перевод с испанского Е. Лысенко. Перевод стихов А. Якобсона (*Прим. А. Зарецкого*)

Есть область перевода, где достижение свободы фатально, а переводчик, по сути дела, автор. Речь о стихах для детей. Хочется упомянуть и эти работы Якобсона — к сожалению, лишь упомянуть. Они затерялись в необъятной продукции «Детгиза», и отыскать их уже немыслимо, разве что выручит случай. Из того немногого, что он читал мне, помню лишь несколько строк (перевод, кажется, с чешского или словацкого, не ручаюсь). Начальная строфа торжественно возвещала, что пришла осень и, стало быть, пора играть свадьбы. Тут-то и начиналось:

Кашель женится на каше,
Просто квак на простокваше,
Шпиль на шпильке,
Киль на кильке,
Клоп на клёпке,
Поп... (и т.д.)

Брачная вакханалия набирала силу, куролесила, ритм озорничал, и только к финалу движение, наконец, важно замедлялось:

Мякиш на макушке,
Кукиш на кукушке...

Но кукиш, увы, упёрся в дошкольную цензуру, и печаталось без финала.

Мне страшно нравилось, а Якобсон тут же принимался объяснять, насколько всё это просто: берёшь корневые созвучия и так далее. Кому просто, кому наоборот.

Даже не знаю, где остались его детские стихи, — в журналах или книжках (дарить переводы нам казалось тогда смешным). Но эта грань его переводческого дарования, как и само оно, — лишь одна из граней его дара литературного. Ещё раз — не берусь гадать, в какой мере он отдавал себя переводу; понятно, что не целиком. Но в том, что отдавал себя не скупясь, загадки нет. Переводы — изначальная частица русской поэзии, молодой и неизменно чуткой к мировой культуре. А для Анатолия Якобсона русская поэзия была его пристанищем на земле.

ПОЭТИЧЕСКИЕ ПЕРЕВОДЫ

Анатолий Якобсон
1935–1978

ИЗ АНГЛИЙСКОЙ ПОЭЗИИ

Гилберт К. Честертон
(1874–1936)

СТИХИ ИЗ РОМАНА «ПЕРЕЛЁТНЫЙ КАБАК»[6]

* * *

В городе, огороженном непроходимой тьмой,
Спрашивают в парламенте, кто собрался домой.
Никто не отвечает, дом не по пути,
Да все перемёрли, и домой некому идти.

Но люди ещё проснутся, они искупят вину,
Ибо жалеет наш Господь свою больную страну.
Умерший и воскресший, хочешь домой?
Душу свою вознесший, хочешь домой?

Ноги изранишь, силы истратишь, сердце разобьёшь,
И тело твоё будет в крови, когда до дома дойдешь.
Но голос зовёт сквозь годы: «Кто ещё хочет свободы?
Кто ещё хочет победы? Идите домой!»

* * *

Когда святой Георгий
Дракона повстречал.
В английском добром кабаке
Он пива заказал.
Он знал и пост, и бдения,
И власяницу знал,
Но только после пива
Драконов убивал.

Когда святой Георгий
Принцессу увидал,
Он в добром старом кабаке
Овсянку заказал.
Он знал законы Англии,
Её порядки знал
И только после завтрака
Принцесс освобождал.

Когда святой Георгий
Нашу Англию спасёт
И в битву за свободу нас,
Отважных, поведёт,
Он прежде пообедает,
И выпьет он вина,
Ему досталась очень
Интересная страна.[7]

Монсеньор Рональд Нокс[8]
(1888–1957)

СОНЕТ

*прочитанный на заупокойной мессе 16 июня 1936 года
(14 июня 1936 г. умер Честертон)*

«Со мной он плакал», — Браунинг сказал,
«Со мной смеялся», — Диккенс подхватил,
«Со мною, — Блэйк заметил, — он играл»,
«Со мной, — признался Чосер, — пиво пил»,

«Со мной, — воскликнул Коббет, — бунтовал»,
«Со мною, — Стивенсон проговорил, —
Он в сердце человеческом читал»,
«Со мною, — молвил Джонсон, — суд вершил».

А он, едва явившийся с земли,
У врат небесных терпеливо ждал,
Как ожидает истина сама,

Пока мудрейших двое не пришли.
«Он бедных возлюбил», — Франциск сказал,
«Он правде послужил», — сказал Фома.

Хилэр Беллок[9]
(1870–1953)

* * *

Все говорят, что мужество и честь
Достойнее, чем вежливости лесть,
Но мне дано, блуждая, рассуждать,
Что в вежливости — Божья благодать.
. . . .

ИЗ АРГЕНТИНСКОЙ ПОЭЗИИ

Хосе Мармоль[10]
(1817–1871)

РОСАСУ, 25 МАЯ[11]

За триумфом наступает смертоносное растленье,
А за возгласами «славься!» стоны рабства раздаются.
....
Знаю, что моя отчизна новое увидит время —
Мира, счастья, братства, славы.

                      Хуан Карлос Гомес

Смотрите! На востоке, всплывая величаво,
пурпурно-золотая пылает полоса.
Поднимем, аргентинцы, увенчанное славой
чело: восходит солнце на наши небеса.

Восходит солнце чести над пиком Чимборасо,*
отцы в могилах видят его из-под земли,
отцы, что дождались торжественного часа,
чьи руки знамя Мая победно пронесли.

«Да славься солнце Мая!» — грохочут волны Платы,**
и гул до эквадорских доносится границ,
и сыновья героев ответствуют трикраты:
«Да славься!..» И герои им вторят из гробниц.

Да, сыновья, так было! Но почему же ныне,
подобно жёлтым листьям, что бурей сметены,
без родины и крова, скитаясь на чужбине,
мы горький хлеб изгнанья выпрашивать должны?

---

  * Чимборасо — одна из высочайших вершин Анд.
 ** *Плата* — Рио-де-Ла-Плата, расширенное устье рек Параны и Уругвая, впадающих в Атлантический океан между Аргентиной и Уругваем, часто называемых «странами Ла-Платы».

И почему сегодня, лишь смутно различая
когда-то нам сиявший священный майский свет,
мы кликами «да славься!» наш праздник не встречаем
и нет громов салюта, знамён отчизны нет?

О колыбель свободных, императрица Платы,*
стоишь ты на коленях, и смолкли голоса
приветствий... Солнце Мая, где слава, чьи раскаты
когда-то сотрясали над нами небеса?

Так скрой же, солнце Мая, свои лучи! Отныне
мир недостоин их. Останови свой бег!
Земля осквернена. Поруганы святыни,
в бесчестие тиран Буэнос-Айрес вверг.

Померкни, свет былого, померкни ради Бога,
при свете нестерпимы виденья нищеты.
Не в силах наблюдать мы, как жалко и убого,
поверженная наземь, отчизна, стонешь ты.

И всё исчадье ада, и всё злодей кровавый,
дикарь, что надругался над матерью своей, —
он предал солнце Мая, украл наследье славы,
он родину похитил у лучших сыновей.

Запомни, Росас, каждый, кто чтит святыню Мая,
тебе проклятье шлёт и вечную хулу
и молит небеса, всечасно призывая
на голову тирана возмездия стрелу.

Ты, Росас, превративший в кровавое болото
ту землю, что вскормила тебя в недобрый час,
увидишь грозный луч, разящий с небосвода, —
покайся же в грехах пред смертью — в первый раз!

---

* *императрица Платы* — город Буэнос-Айрес, стоящий на правом берегу Рио-де-Ла-Платы. (*Прим. В. Емельянова*)

Эстанислао дель Кампо
(1834–1880)

ФАУСТ [12]
(Разговор двух гаучо...)

Будто на богослуженье
пятый день валит народ,
и карет невпроворот,
и смятенье, и движенье.

Все спешат в театр Колумба,
норовят пролезть вперёд,
и толпятся, словно скот,
возле касс толкаясь грубо.

Я налево и направо
всех крушил и страшно взмок,
но зато прорваться смог
и добыл билет по праву.

Но когда я обернулся —
Боже мой! Как шквал морской
раскатился гул людской...
Вижу: кто-то растянулся.

Слышу: обморок... старуха...
Ну, понятно, тесноват
был загончик для ягнят,
вот и вышла заваруха.

Слышишь! Наконец-то, к счастью,
вытолкнул меня народ,
будто бы водоворот,
чуть не разорвав на части.

Двух подошв мои ботинки
были разом лишены,
и разорваны штаны
были на две половинки.

А в итоге перепалки
я хватился, где мой нож?
Кто стянул — не разберёшь
в распроклятой этой свалке.

Ну, приятель, не иначе
вор был гринго;* все они
вору этому сродни.
Ладно, крест на неудаче!

После этого потопа
мне — на верхние места,
и ступенек больше ста
я, едва живой, протопал.

Наконец наверх забрался.
Место занято моё.
Сплошь толчётся мужичьё,
самый тёмный люд собрался.

Я и слов не говорил им,
растолкал весь этот сброд,
и протиснулся вперёд,
и пристроился к перилам.

Приподнялся в это время
занавес, и свет — в глаза,
флейт запели голоса,
я заслушался, поверь мне.

---

* *Гринго* — презрительное прозвище иностранца (янки) в Латинской Америке.

Объявился на помосте
некий старец. Говорят —
доктор Фауст... чудной наряд,
борода, глаза да кости.

Погоди! Сказать по чести,
Фауст — не доктор, он креол,
офицер, здоров, как вол, —
мы же с ним служили вместе.

Чёрта с два! Того я тоже
знал когда-то, он верхом
красовался на гнедом,
но... отъехал в царство Божье.

Пусть порхает в небе птичкой!
Речь о докторе зашла,
ведь бывают два осла
с одинаковою кличкой.

Да, перед твоею глоткой
и башкой я точно нем.
То-то... я охрип совсем,
дай прочищу горло водкой.

Можжевеловым настоем
и башка крепка... Так вот,
вышел доктор и поёт —
дескать, он гроша не стоит.

Все науки — прах, и только,
зря над книгами потел:
вот блондинку захотел,
а она его — нисколько.

Он красотку безуспешно
каждый день — козёл козлом —
караулит за углом,
ночью плачет безутешно.

И, устав от слёз давиться,
видя, что житьё невмочь
и что горю не помочь,
доктор вздумал отравиться.

Тут, прервав рассказ, Господне
имя он ошельмовал,
шапку бросил и призвал
властелина преисподней.

Я бы — трезвый или пьяный —
Божий страх не позабыл...
Вдруг, как будто рядом был —
появился окаянный.

Фауст крестился... Мать честная!
Я крестился и дрожал...
— Как же ты не убежал?
— Я и сам того не знаю!

Ну и чёрт! Глаза, как плошки,
Длинный и, как жердь, худой,
И с козлиной бородой,
И с когтями, как у кошки.

Брови, вскинутые гордо,
шляпа чёрная с пером,
плащ, расшитый серебром,
чёрные чулки по бёдра.

«Вот и я! Готов к услугам, —
дьявол доктору сказал, —
ты меня, приятель, звал?»
Доктор был сражён испугом.

«Страх мужчины не достоин, —
продолжает сатана, —
прикажи! И всё сполна,
всё, как хочешь, мы устроим».

Доктор было заикнулся,
чтоб его не мучил бес,
чтоб немедленно исчез,
да не на того наткнулся.

Убеждать пошёл нечистый
так, что доктор хоть взопрел,
но, однако, подобрел, —
бес уж больно был речистый.

— Видно, доктор спятил, право!
Верить чёрту самому?!
— Да, с три короба ему
наплести сумел лукавый.

Мол, любое повеленье,
стоит Фаусту произнесть,
Мефистофель всё, как есть,
выполнит без промедленья.

Поначалу он деньгами
бешеными соблазнял,
но старик ему не внял,
только замахал руками:

«Не корысть мне сердце гложет,
счастье жизни не в казне,
надобно другое мне,
то, что всех богатств дороже...»

Оживился искуситель.
«Не богатство? Значит — власть?
Почести? Так царствуй всласть,
пожелай, и ты — властитель!»

«Честолюбью отдал дань я, —
отвечал старик седой, —
я хочу лишь сердца той,
что приносит мне страданья».

Тут раздался адский грохот —
чёрт смеялся... Верь не верь —
мне ночами и теперь
сатанинский снится хохот.

И ногою топнул левой,
дьявол, будто бы шаля,
и разверзлась вдруг земля, —
ахнул доктор перед девой.

— Что за вздор? На сердце руку
положа, признайся: врёшь.
— Да не вру я ни на грош,
в том полгорода порукой.

Если б видел ты, какая
та блондиночка была,
до чего она бела,
ну, совсем как восковая.

Нет, белее простокваши...
Поглядишь — сойдёшь с ума,
словом, девственность сама,
всех девиц на свете краше.

Вот портрет, вообрази-ка:
золотой маис — коса,
синева небес — глаза,
зубы — жемчуг, рот — гвоздика.

Тут и кончить бы мороку!
К милой ринулся старик...
«Стоп! Не сразу всё», — и в миг
чёрт закрыл ему дорогу.

«Рассуди сперва получше
да бумажку подпиши, —
под залог своей души
ты красавицу получишь».

Доктор тут же согласился,
не вступая больше в спор,
подписал он договор
и, видать, совсем взбесился.

— Доктор — и такая сделка!
Ну и срам! Помилуй Бог!
— Бес в любви ему помог,
это тоже не безделка.

«Нет ли, — говорит, — напитка,
чтоб меня омолодить?»
Догадался: так блудить —
безнадёжная попытка.

И случилось вдруг такое —
хоть не верь своим глазам!
После этого и сам
ты бы, друг, не знал покоя.

Может, видел превращенье
гусеницы в мотылька?
Ожидало старика
чудо перевоплощенья!

Шляпа, мантия, седины —
всё растаяло, как сон,
молодым красавцем он
обернулся в миг единый.

— Да неужто всё мгновенно
вышло так? Спаси Христос!
— Если ложь я произнёс,
провалиться мне в геенну.

Дьявол своего добился,
он на чудеса горазд.
Тут и занавес как раз
потихоньку опустился.

Говорил я слишком много, —
рот уж больно пересох...
Дай глотнуть ещё разок,
без бутылки, как без Бога.

Неизвестный автор

ПЕСЕНКА[13]

Матери воздаст Господь!
За любовь и за потерю,
За страдания — я верю —
Матери воздаст Господь.
Дочь почила. Мать жива.
Беспредельно сокрушенье.
Пусть несут ей утешенье
Этой песенки слова.
Не кропи слезами, мать,
Лёгких крыльев ангелочка:
Вознесётся к небу дочка,
Воссияет благодать.

ИЗ АРМЯНСКОЙ ПОЭЗИИ

Ованес Туманян[14]
(1869–1923)

ЗОВ

Если есть ты Бог,
Если ты всеблаг,
И не твой закон —
Слёзы, скорбь и мрак,
И в сердца людей
Брошен не тобой
Смертоносный яд
Зависти тупой,
И когда не ты,
Боже, захотел,
Чтоб исполнен мук
Был земной удел, —
Ненависти клич
Заглуши в крови.
Если ты, Господь,
Вправду Бог любви!

Где же ты, Господь?
Где ты раньше был?
Ведь молился я
Из последних сил...
Но молитвы звук
В стонах потонул,
И несла резня
Сатанинский гул.
И от крови той
Свет в глазах померк.

Идолов мирских
Я душой отверг.
Только на тебя,
Боже, уповал,
И тобою жил,
И к тебе взывал.
Почему ты мне
В горе не помог,
Если ты и впрямь
Милосердья Бог?

Почему убийц
Ты не поразил?
Или у тебя
Не хватает сил?
Если не твоей
Волею злодей
Наделён мечом,
Чтоб казнить людей,
И не видишь ты
В далеке своём,
Как со смехом здесь
Нас грызут живьём, —
Так явись, увидь,
Молнией ударь,
Если мщенья Бог
Ты, небесный царь!

1891

В ГОРАХ*

На Кошакар опустилась мгла
И в безмолвьи суровом
Горные выси обволокла
Непроглядным покровом.

Небеса сочатся слезой.
Молнии в отдалении,
Надвигаясь ночной грозой,
Мечутся в исступленьи.

Вспышки близятся, и порой
Видно, как там, глубоко,
В русле каменном под горой
Гнётся хребет потока.

В тёмном загоне не спит пастух
И, о стаде радея,
Думает, как бы нечистый дух
Не наслал лиходея.

Снова — молнии пересверк,
И в её озареньи
Видит пастух, как по склону вверх
Две проскользнули тени.

Грянул гром, и ещё сильней
Дождь захлестал из мрака.
Свистнул пастух овчарке своей —
И рванулась собака...

Треск ружейный — и без ума
Овцы бегут в испуге...
Переполох и сплошная тьма —
Ни просвета в округе.

ХРИСТОС В ПУСТЫНЕ

Он сидел на камне, недвижим,
Окружён пустыней нелюдимой.
Голову склонил он, одержим
Думой неотступной и единой.

Думал он, сверх сил своих тоскуя:
— Для чего я сердце распростёр,
И, как ночь слепую, жизнь людскую
Озарил любви моей костёр...

Думал... А в его воображеньи —
Лязг мечей и кровь — из рода в род,
Диких орд кромешное движенье,
Вдовий плач и жалобы сирот...

Он сидел на камне, недвижим,
Нестерпимой думой одержим.

---

* Переводы стихотворений «В горах» и «Видение» впервые были опубликованы в журнале «Литературная Армения» № 7, 1969 г. *Источник:* главный редактор журнала Альберт Налбандян. (*Прим. А. Зарецкого*)

В КОШАКАРЕ[15]

В Кошакаре я бегал моей весной,
Как олень быстроног, быстроглаз, Ануш.
На горе изумрудной сон неземной
Снился мне тогда каждый раз, Ануш.

Изумрудную гору покрыла мгла,
Я молитвою душу спалил дотла,
Но до Бога мольба моя не дошла,
И мою мечту он не спас, Ануш.

Не сбываются в жизни такие сны,
Чтоб счастливы были все и вольны,
Чтоб не стоны, а песни были слышны,
Чтоб любовь разлилась, как Араз, Ануш.

Приходили люди с такой мечтой,
Уходили, смирившись с её тщетой,
Вот и я перед смертной стою чертой —
Покидаю возлюбленных вас, Ануш.[16]

ВИДЕНИЕ

Вон — та гора... Бежит мой брат,
А впереди на шаг
С весёлым лаем, дружбе рад,
Бежит наш пёс Чалак.
И голос брата вторит псу,
Как будто наяву:
Они недалеко в лесу,
Сейчас их позову...
Они давно за той стеной,
Где ни лесов, ни гор,
А голоса их — все со мной,
Со мной, с тех самых пор.

ИЗ ПСАЛМОВ СКОРБИ

1

Когда, Господь, ты нас от муки смертной
Избавишь?.. О резне проклятой весть
Прошла с толпой изгнанников несметной
Из края в край и ширится поднесь.

Прославят ли твоё Господне имя
Сироты, что в кровавой стонут мгле?
Довольны ли щедротами твоими
Отверженные на чужой земле?

А сколько здесь погибших безвозвратно!
Стенания звучат, и льётся кровь...
Тебе, Всевышний, разве не отрадны
Молитва, ликованье и любовь!..

2

Боже, дни прошли, как дым ползучий,
Мои кости высохли, как сучья,
Я поник поблекшею травой,
В сердце нет ни искорки живой.

Хлеб мой — бьющие в лицо каменья,
Отдых — неустанные гоненья.
Днём — за злою вестью злая весть,
Ночью — исхожу слезами весь.

Как сова на кладбище, мрачнею,
Воробьём продрогшим коченею...
Я в тоске и в горе изнемог,
Ниспошли мне избавленье, Бог!

ИЗ ВЕНЕСУЭЛЬСКОЙ ПОЭЗИИ

Андрес Бельо[17]
(1781–1865)

СЕЛЬСКОМУ ХОЗЯЙСТВУ
В ТРОПИЧЕСКОЙ ЗОНЕ[18]

Привет тебе, тропическая зона!
Я славлю плодоносный жребий твой,
могучее земное лоно,
и путь планеты круговой,
и солнце, что влюблённо и упорно
тебя питает силой животворной.
Благословенная земля, сплетаешь ты
себе гирлянды из колосьев спелых,
твоею кровью гроздья налиты,
чтоб в бочках эта кровь запела.
Прекрасен цвет твоих плодов —
багрян и розов, жёлт и матов,
и тысячи тончайших ароматов
разносит ветер из твоих садов.
И растянулись вереницей длинной
твои несметные стада
по необъятным пастбищам долины,
до снеговых вершин, блестящих, как слюда.

Твой тростниковый сахар — мёда слаще,
миндальный взбитый сок, как молоко кипящий,
ты наливаешь в тыквенный сосуд.
Твои колючие нопали*
кармин в телах своих несут —
чудеснейшую краску, что едва ли
уступит пурпуру, которым славен Тир.
Индиго твой сверкает, как сапфир.

---

* Нопаль — разновидность кактуса.

Ты даришь нам агавы сок хмельной
и лист табачный даришь благосклонно;
и мы вдыхаем упоённо
сигарный дым, и он волной
всплывает кверху, вьётся по спирали,
став отдыхом в труде, утехою в печали.

Твои пленительные пальмы,
отменной щедростью горды,
нам в простоте патриархальной
несут роскошные плоды.
Твой золотистый ананас
амброзией питает нас.
Свои дары приносит юкка*
под благодатным солнцем юга.
А под землей, мучнисты, крýпны,
картофеля созрели клубни.
И хлопок снежной белизной
поля украсил в летний зной.
А вот маис, всех злаков царь, —
нам в изобилии дано
светящееся, как янтарь,
его отборное зерно.
Листами нежно шевеля,
склоняется к тебе, земля,
банан тяжелыми плодами —
твой лучший сын, любимец давний;
нет, не упорными трудами,
не потом он взращен людским,
и не нужна ему услуга
садовых ножниц или плуга, —
убогий раб смотрел за ним.

Не человек — экватор плодородный
ввысь поднял этот стебель благородный,

---

* *Юкка* — растение, распространённое в Центральной Америке, известно более тридцати видов.

когда ж придёт пора погибнуть стеблю,
младая поросль пробуравит землю.

Пусть бесконечно почвы плодородье,
но даже бесконечное проходит,
и кто предвидеть может, что случится,
когда земное лоно истощится?
Нет, благодать природы не навек, —
придёшь ли ты на помощь, человек,
земле уставшей, что тебя вскормила?
Так почему сейчас тебе не мило
святое земледельца ремесло?
Куда тщеславье занесло
тебя от мирного порога?
Ведёт презренная дорога
тебя в чужие города,
где добродетели не сыщешь и следа,
где безгранична власть порока,
где только нега праздная влечет,
да роскошь грязная, да призрачный почет.

Коль жалким вздором голова забита,
Земля, родная мать, детьми забыта,
и нет согласья меж её сынами —
гражданских распрей полыхает пламя.
Там с малолетства растлевают нравы
игра и сладострастье — две отравы.
Не в упражненьях, не в трудах суровых
дни протекают юношей здоровых,
а в развлеченьях, полных суеты,
в объятиях продажной красоты;
и юный расточается азарт
на танцы пошлые и на безумье карт;
и обрекают гибельные ночи
и души и тела на худосочье.

О нет, не в городах ты, родина, найдёшь
ту доблестную молодёжь,
что станет в трудный час тебе опорой.

Коль бранные наступят споры,
сумеете ли вы,
питомцы пьяного разгула,
среди огня, и скрежета, и гула
разить врага, как львы,
и сохранить в бою неравном хладнокровье?

Нет, дух у вас не тот, не то здоровье!
И не по силам вам нести
заботы тяжкие правленья,
не вам закон блюсти,
карая преступленье.
Нет, родина, от молодёжи этой
не жди мужей войны, мужей совета.
Когда на то моя была бы воля,
вручил бы я правления бразды
рукам, что бороздили плугом поле
и, как кремéнь, тверды.
Рукам крестьянским, только им
обязан мощью исполинской
победоносный Древний Рим, —
весь мир склонился перед ним,
в плену у доблести латинской.

О Южная Америка моя,
свободных наций юная семья,
пред изумлённою Европой
ты гордо вскинула чело
и вольности венец лавровый!
Так возлюби же ремесло
крестьянина, простую жизнь народа!
И вечно будет жить свобода,
тщеславье сгинет и растленье,
и молодое поколенье
умножит подвиги бессмертные отцов.
Оно достойно будет тех бойцов,
к ногам которых, в страхе обомлев,
в крови и в прахе лёг испанский лев.

ИЗ ЕВРЕЙСКОЙ ПОЭЗИИ
(ИДИШ)

Айзик (Исаак) Платнер[19]
(1895–1961)

РАССВЕТ[20]

Рассвет.
Тишина.
В ожидании дня
Звёзды медленно тают.
Чья-то мерная поступь слышна —
Человек нагоняет меня
И со мною шагает.

Свежий ветер нам дует в лицо.
Тишина.
Только скрипнет крыльцо,
Только ветер
Донесёт голубей воркотню.
Мы шагаем навстречу дню
На рассвете.

1940

ПЕСНЯ О РАДОСТИ

Окутан берег тишиной,
Истомой летнею дневной.
Недвижно стадо,
В траве прохлада,
Дубрава сонная молчит.
И только Неман волны мчит:
Они от века в свой черёд,
Как время,
Катятся вперёд.

И радостно шумит волна,
Лучами вся напоена;
И в этом счастья суть,
Чтоб быть волной, чтоб быть рекой,
Шумя, катясь,
Презрев покой,
Всегда стремиться в путь,
Всё, что в пути река берёт,
Она несёт
Вперёд, вперёд.

Шум волн, слова опередив,
Возник в моих ушах;
И песня рвётся из груди,
И землю тёплую в пути
Целует каждый шаг.
Я песнь о радости
Пою,
И в даль уносит песнь мою.

ИЗ ЕВРЕЙСКОЙ ПОЭЗИИ (ИДИШ)

Я счастлив, что вперёд иду,
Что за собою тень веду,
В движеньи — высший смысл.
Мой быстрый взгляд светлей реки,
Границ не знает мощь руки,
Молниеносна мысль.

Могу направить реку вспять,
Плотиной воды обуздать,
Пшеницу на песках взрастить
И сушу в море превратить,
И свет прорежет тьму
По знаку моему.

Потоком солнечным зали́т
Знакомый берег; шевелит
В дубраве ветерок листву,
Да щиплет козочка траву.

А Неман воды мчит вперёд
И за собой меня зовёт;
Вперёд —
Чтоб вдаль тропа вилась,
Чтоб песня радости лилась.

1957

ЧЕЛОВЕЧЕСКОЕ СЛОВО

Когда ты изнемог в борьбе,
Пропал в морской дали,
Как птица светлая, к тебе
Летит привет земли.

Среди бушующих валов,
Клокочущих лавин
Ты, пленник моря, рыболов —
Один, один, один.

Несётся с рёвом шквал слепой,
Теряет верность глаз,
Трещит, как щепка, под тобой
Полуживой баркас.

Не остановишь смертный миг —
Пучину не моли...
И вдруг настиг, и вдруг проник
Привет родной земли.

И это — высшей правды весть,
Зов жизни для пловца.
И вера есть, и силы есть
Бороться до конца.

1956

ОСЕННИЕ ВЕЧЕРА

Люблю городские окраины
В осенние вечера.
Приносит печаль отрадную
Задумчивая пора.

Заглатывая расстояния,
Теряется город в них;
Знакомые очертания
Меняются каждый миг.

Плывут облака затемнённые,
Бегут, как за днями дни;
Желания затаённые
Рождают в душе они.

К исходу осеннего вечера
В себя погружаешь взгляд,
И, в зеркале глаз отсвеченный,
Спешит догореть закат.

Ночь ширится, сумраком полнится,
И в прошлое сумрак унёс...
Далёкие ночи помнятся,
Сиянье далёких звёзд.

Всплывает скитаний перечень,
Итог одиноким дням...
А всё-таки к этому вечеру
Ты, время вело меня.

Мне осень сама поверила
Секрет своего естества:
Живым остаётся дерево,
Должна умереть листва.

Увядшей листвы кружение
Да сумрак пустых аллей
Волнуют воображение,
А жизнь — всё милей, милей.

1957

ОСЕННЕЕ СОЛНЦЕ

Осеннее солнце не так горячо,
Оно — как женщина средних лет
Ласкает, гладит, а не печёт,
Струит приветливый, мягкий свет.

Оно приносит своих плодов
Корзины полные — кушай! —
И, брызнув, горло залить готов
Сок жёлто-зелёной груши.

И яблок литых янтарный отлив,
И тёмно-лиловые груды слив,
И пёстрой горой — арбузы, —
Всех красок и всех тонов торжество,
Природы роскошное пиршество,
Ваянье осенней музы.

Из шелковых туч у солнца наряд,
Багряным огнём деревья горят,
И листья блестят, как червонцы.
Меня обнимает средь белого дня,
Целует, ласкает, качает меня
Осеннее тихое солнце.

1957

ИЗ ИСПАНСКОЙ ПОЭЗИИ

Тирсо де Молина[21]
(1579–1648)

ПИСЬМО

Увы, не сомневаюсь я нимало,
Что справедлив предъявленный мне счёт!
Но и отсрочка даже не спасёт
Того, кто не имеет капитала.

С меня особа некая взыскала
Всё, что возможно было. Я банкрот.
Судьба, лишив меня своих щедрот,
Тем самым и долги мои списала.

Кто безответствен, тот живёт без риска;
Имущество раба не знает иска,
Поскольку не принадлежит ему.

Не дожидайтесь возвращенья долга:
Моя душа — невольница, надолго
Приверженная к рабству своему.

* * *

Ведут и камни разговор:
То звуки, полные печали,
Что повторяет эхо гор...
Так мыслимо ль, чтоб мы молчали?
Обманчив знак. Невнятен взор.
    Коль впрямь от страсти погибаю,
    Мне доля не страшна любая;
    Пусть жребий выпадет любой,
    Но я, назвав себя рабой,
    Скрывать не стану, чья раба я.
Влюблённые, возьмите в толк:
Амур даёт вам властелина
Затем, чтоб голос ваш не молк,
Прославить имя господина —
Вот в чём раба и честь и долг.
    Пусть не гордится безъязыкий
    Служеньем жертвенным владыке;
    Он молча жизнь готов отдать,
    Но — для чего? Кому? Страдать,
    Чтобы страдать, — обычай дикий.
Всё не молчит, но говорит:
Сердцебиенье — о смятенье,
Окраска яркая ланит —
О гневе или о смущенье...
Лист на ветру — и тот шумит.
    Амур известен слепотою,
    Но не страдает немотою —
    И нам не завязал язык.
    Услышь, хозяин, рабий крик:
    «Неужто милости не стою?»

* * *

Прохожий, в изумленьи видишь ты
Одежды, что с моей свисают кроны.
Мой благодетель, мною оскорблённый,
Оставил их — и горше нету мзды.

Поддавшись обольщению мечты,
Взрастил, взлелеял пальму он, влюблённый,
И не гадал, не ведал, ослеплённый,
Что не ему достанутся плоды.

Как он гнетёт меня, злосчастный дар,
Напоминая то, что было прежде;
Как заставляет он меня стыдиться!

О, если бы, перенеся удар,
Могла душа, как тело от одежды,
От боли и любви освободиться!

ПЕСНЯ

Прощай навеки, Вавилон надменный,
Где пред кумирами простёрта лесть,
Где ложь дела и души пропитала,
Где, выступая в паре неизменной,
Ворованную делит честь
Тупая алчность с хищностью Тантала.
Прощай, презренного металла
И блудодейства мерзкого вертеп,
Чья сеть того, кто духом слеп,
Всего вернее оплетала.
Прозрел я. И, под стать Тезею,
Из лабиринта выбраться сумею.

Прощай, гора, куда тщеславья груду
Вздымает честолюбец, как Сизиф:
Карабкается медленно по склону —
И наземь низвергается оттуда,
Своё бессилье ощутив,
И вновь ползёт по каменному лону.
Прощай! Отныне неуклонно
Я новому последую пути,
Иной огонь неся в груди,
Иному подчинясь закону.
Безумств участник и свидетель,
Твой путь я выбираю, добродетель.

Под взглядом снисходительно-вельможным
Менять окраску, как хамелеон,
Не буду я. Не причиню печали
Завистникам, искателям ничтожным,
Которым имя — легион, —
Я больше не соперник этой швали!
Довольно предо мной мелькали
Невежды, тем снискавшие почёт,
Что чернь учёностью зовёт.

Их мудрецами нарекали!
А истинная мудрость, кстати,
Ходила в рубище, а скудоумье — в злате.

Рассудок возвращается к Роланду!*
Я покидаю свет, где низкий нрав —
Успеха непременное орудье,
Где торгаши всему дают команду,
Где властвует аршин, поправ
Закона жезл и скалу правосудья.
Хочу укрыться на безлюдье
От хворости по имени корысть,
Не устающей души грызть,
Сосущей, как чахотка, груди.
Бегу, чтобы тебя до гроба
Не встретить, ненавистная хвороба!

О миг блаженного уединенья,
Спасенья от постылой суеты!
Ни вожделеньям, ни тревогам бранным
В моей крови не пробудить волненья.
Мир истины и красоты
Меня влечёт покоем безобманным.
Я в одиночестве желанном,
Житейские невзгоды позабыв,
Исполнюсь радости, ожив
Под небосводом первозданным.
И солнце обольёт лучами,
И звёзды будут мне мигать ночами.

---

* *Рассудок возвращается к Роланду...* — Герой поэмы Лудовико Ариосто «Неистовый Роланд» сходит с ума, узнав о том, что любимая им Анжелика счастлива с сарацином Медором (*комментарий Е. Лысенко*).

И час восхода, и пора заката
Придут в тиши своею чередой.
И рухнет, как разбитые оковы,
Страх бытия, что жил во мне когда-то,
Грозя неведомой бедой.

И горечь прежней жизни бестолковой
Хрустальной влагой родниковой
Я, неофит, из пригоршни запью.
И не встревожит мысль мою
Ни шут возвысившийся новый,
Ни старого шута паденье.
Временщики, вы призраки и тени!

И я животворящим словом Бога
Исполнюсь. И спасённая душа,
Сподобившись беседы сокровенной,
Замрёт, внимая трепетно и строго
Тому, кто царствует, верша
Один закон любви во всей вселенной.
И в тишине благословенной
Отрину я кромешный Вавилон,
Какие б ни сулил мне он
Блистательные перемены.
Алчба гнусна, как святотатство.
Лишь в нищете — нетленное богатство.

Федерико Гарсиа Лорка[22]
(1899–1937)

КРИК[23]

Эллипс крика
стянул ущелья
петлей тугой.
Из-за маслин
сквозь ночную синь
чёрной дугой — А — а—а — ай!

Криком — смычком
пробуждена,
затрепетала
ветра струна.
А — а—а — ай!

АЙ![24]

Ветром крик повторился.
Эхо — тень кипариса.
(Оставьте меня в этом поле
плакать).
Рухнуло все, и хлынули волны
безмолвья.
(Оставьте меня в этом поле
плакать).
Мрак за далью холодной
кострами изглодан.
(Я говорю: оставьте
меня в этом поле
плакать).

ПЕСНЯ ВСАДНИКА

Кордова.

В дали и мраке.

Чёрный конь и месяц рыжий,
а в котомке горсть оливок.
Стук копыт нетерпеливых,
доскачу — и не увижу Кордовы.

На равнине только ветер,
чёрный конь да красный месяц.
Смерть уставила глазницы
На меня через бойницы
Кордовы.

Как дорога в даль уносит!
О, мой конь неутомимый!
Смерть меня сегодня скосит
Перед башнями немыми
Кордовы.

Кордова.
В дали и мраке.

ГЛУПАЯ ПЕСНЯ

— Мама
сделай меня ледяным!

— Ты замёрзнешь тогда,
сынок.

— Мама,
сделай меня слюдяным!

— Не согреет слюда,
сынок.

— Мама,
вышей меня на подушке!

— Это можно,
Сейчас, сынок.

ВЕЧЕР

В реке босые
ноги Люсии.
Три тополя-исполина,
звезда над семьёй тополиной.

Покусывают лягушки
упругую ткань молчанья, —
по ней зелёным горошком
рассыпано их верещанье.

Сухое дерево тонет
ветрами в речном затоне
и в воде расцветает
кругами, рябью пернатой.

А я у реки вспоминаю
девочку из Гранады.

НЕЗАМУЖНЯЯ НА МЕССЕ

Ты Моисея видишь сквозь ладан,
Он в забытье поверг тебя взглядом.

Под наставленным бычьим оком
Чётки твои полились потоком.

Дева в шёлке тяжёлом,
Застынь на месте.
Тёмные дыни грудей
Подставь рокочущей мессе.

СОЛЕА

Одетая шалью чёрной,
в решенье своем неизменна:
мир — мал, а сердце — безмерно.

Одетая шалью чёрной.
Решила она, что ветер
все крики, равно как вздохи,
уносит в своем потоке.

Одетая шалью чёрной.
Балкон у нее открытый,
и там — от края до края —
заря в небесах играет.

Ай-яй-яй-яй-яй,
одетая шалью чёрной!

НЕЖДАННО

На улице мёртвый лежал,
зажав между рёбер нож, —
и был он всем незнакомый.
Фонарь прошибала дрожь.
Мама,
как он дрожал —
фонарик у этого дома!

Уже заря занялась,
а все не закрыли глаз,
распахнутых в мир кромешный.
Покойник один лежал
и рану рукой зажал,
и был он чужой, нездешний.

ТИШИНА

Слушай тишину, мой мальчик, —
море зыбкого безмолвья.
В тишине плывут долины
и блуждают отголоски.
Тишина склоняет лица
до земли.

Мигель Эрнандес[25]
(1910–1942)

Из книги «Знаток Луны», 1933

ОБРУШИЛСЯ С НЕБА
ПОТОК ДОЛГОЖДАННЫЙ

Обрушился с неба поток долгожданный,
и пашня его приняла, как спасенье,
и мир, осчастливленный ливнем весенним,
сподобился вновь чистоты первозданной.

И ожили разом леса, и поляны,
И рощи под новорождённую сенью.
Как ладан, течёт аромат воскресенья,
И ветви, и борозды — благоуханны.

Дыханье весны изумрудно-зелёной
Пьянит, как настойка душистая вишни.
И взгляд хлебопашца, угрюмый вначале,

Согрет теплотою земли обновлённой.
Любовь моя! Волею неба всевышней
К нам радость приходит на смену печали.

* * *

Вот лилия, проснувшись на холме,
свершила сокровенное усилье —
и распахнулись ангельские крылья,
слепящие, как молния во тьме.

А это значит, что конец зиме, —
и благодатных соков изобилье
повелевает, чтобы все любили,
и все сплелось в весенней кутерьме.

И всё живое, в поле или в чаще,
находит пару: к самке льнет самец,
Лишь я стою один, заворожённый,

средь нежных колокольчиков, звучащих,
как поцелуи, и среди овец,
насторожённо-чутких, словно жёны.

* * *

Спасибо, сестра, за усердье, с которым
ты гонишь печали, как снадобье хворость.
Но мне не нужна светоносная прорезь —
пусть наглухо будут задёрнуты шторы.

Пусть наглухо будут задёрнуты шторы
над клеткой, где, с утренним светом рассорясь,
голодная птица клюёт свою горесть.
Ты прорезь улыбки мне даришь не в пору.

В день плача, сестра, не приемлю я смеха.
Ответа не будет — напрасны старанья.
Не мне веселиться, на мир этот глядя.

Скорбящему сердцу улыбка — помеха,
она точно соль на растравленной ране...
Сестра, убери её Господа ради.

* * *

Как муравьи в своей смиренной доле
влачат ярмо работы кропотливой,
натруженные жилы терпеливо
несут моё желанье — сгусток боли.

Я чую смерть, и жизнь моя — неволя,
когда перед глазами это диво —
грудь возносящаяся горделиво,
с дыханьем колосящегося поля.

Как мертвецу последняя обитель,
ты мне пришлась, любовь, и я немею
перед тобою, как перед святыней.

Своей голодной крови повелитель,
я точно раб, в пустыню брошен ею, —
Да, нет песков, но схвачен я пустыней.

* * *

Ты золотой лимон издалека
мне бросила, и в миг какой-то краткий
я ощутил, как горечь стала сладкой, —
так сладостна была твоя рука.

В моей крови недвижность столбняка
сменилась воспалённой лихорадкой,
и губы тотчас вспомнили украдкой
вкус нежно-золотистого соска.

Но улыбнулась ты, и так чужда
была твоя улыбка вожделенью,
что обернулось всё лимонной шуткой.

Безумья не осталось и следа,
и, убаюкана унылой ленью,
уснула кровь моя под кожей чуткой.

* * *

Как в саду тебя увижу я
в колыханье мартовского цвета,
так и закипает песня эта
рокотом нежнейшим соловья.

Рокотом нежнейшим соловья,
может обольщу тебя до лета,
а потом глядишь, в июне где-то
свяжет горло мне любовь твоя.

Я гигант в сравнении с тобой,
и тебе, наверно, не поднять
яблоко, которым я играю.

А сейчас бреду твоей тропой
и, не зная, как тебя обнять,
капелькой дрожащей замираю.

* * *

В каком-нибудь селении высокий
бук или дуб, а может, альгарробо —
тот, что подарит доски мне для гроба, —
давно стоит, как сторож одинокий.

А может быть, свершился срок жестокий,
и ствол крушит пилы визжащей злоба,
и вот земная дрогнула утроба —
упал мертвец, хранящий жизни соки.

А может, деревянная обнова
уже кроится мне и подытожит
мне скоро все итоги древесина...

А тёмная земля всегда готова
(наверняка, без всяких там «быть может»)
принять последнее дыханье сына.

* * *

Я знаю посвист. Не восторгом чистым
тот свист исторгнут, а неразделённой
любовью, или раной воспалённой,
или тоской безмолвной в поле мглистом.

Так соловей на дереве ветвистом
подруги не найдя в глуши зелёной,
как в лихорадке бьётся и, влюблённый,
захлебывается горячим свистом.

А горлинка тревожно суетится
в холодной тишине, потом в забвенье
поёт, выводит жалобно повторы...

И я печально-одинокой птицей
свищу в безмерном и безумном рвенье,
и глухо внемлют мне немые горы.

Из книги «Неугасимый луч», 1936

* * *

Когда этот луч перестанет струиться, терзая
мне грудь, где во мраке скрываются злые причуды,
где звери рычат и ржавеют чистейшие руды?
За что этот луч меня мучает, сердце пронзая?

Тот луч — сталактита разящего грива косая,
он пламя и меч, что меня настигают повсюду.
Когда отлучён от луча и от муки я буду?
Зачем этот луч излучается, не угасая?

Со мной зарождён, стал он болью моей изначальной;
его не забуду, покуда не встречусь с могилой;
во мне коренясь, на меня же направил он бивень.

И нету исхода, и участи нету печальней,
И будет упорно, всё с той же неистовой силой,
пронизывать душу мою сталактитовый ливень.

* * *

Как бык, порождён я для боли, и жгучим
клеймящим железом, как бык, я отмечен.
Мой бок несводимым тавром изувечен,
мой пах наделен плодородьем могучим.

Как бык, не владею я сердцем гремучим,
огромное сердце измерить мне нечем.
Твой лик воссиял. Поединок извечен.
Я бьюсь за любовь твою, жаждою мучим.

Как бык, беспощадно я взыскан судьбою,
и в пене кровавой язык мой клокочет,
и грузный загривок взметён в разъяреньи.

Как бык, за дразнящей гонюсь я тобою,
и шпага насмешки пронзить меня хочет.
Я бык, я растравленный бык на арене.

ИЗ ИСПАНСКОЙ ПОЭЗИИ

Автограф Анатолия Якобсона.
Перевод сонета «Как бык, порождён я для боли…»*

---

* Оригинал автографа находится в Архиве Института Восточной Европы Бременского Университета / Forschungsstelle Osteuropa an der Universitat Bremen. Фонд Ф.30.198. Юнона Давидовна Вертман. (*Прим. А. Зарецкого*)

∗ ∗ ∗

Проходят по тропинке сокровенной
Крестьяне, совершая круг свой тесный,
Их кровь гудит под тяжестью отвесной —
Под грузом зим и вёсен, рвущих вены.

Так, через труд вседневный, неизменный
они приходят к поцелую, к песне,
и жадно впитывает воздух пресный
земную соль, мужицкий пот священный.

А я иду один своей дорогой,
и не приводит к счастью путь мой длинный,
и не разводит он меня с тоскою...

Под сводом лба заплакал круторогий
бык одинокий на краю долины,
забыв про естество свое мужское.

∗ ∗ ∗

Смерть в бычьей шкуре движется слепая;
рога и раны — вот её обличье;
корриды упоительной добыча,
она пасётся, тяжело ступая.

Звериный рёв разносится, вскипая
любовью непомерной, жгучей, бычьей;
ей всё земное обнимать в обычай,
кровь пастухов убитых искупая.

Бери мой луг, несытый зверь влюблённый, —
мою живую душу, горький плод мой,
коль горечи отведать захотелось.

Как ты, измучен я неутолённой
любовью ко всему, глухой, бесплодной,
и сердце скорбным саваном оделось.

Из книги «Ветер народа», 1937

* * *

Любовь взошла над нашими телами
луной, околдовавшею две пальмы,
которым кроны сдвинуть не дано.

Двух тел горячих сокровенный шёпот
звучал нежнее песни колыбельной.
Потом сменился он недужным хрипом,
и губы замерли, окаменев.

Нам плоть изъела судорога страсти,
И кости просверлило нам желанье;
Но лишь соприкоснулись наши руки —
оцепенение сошло на них.

Луною прокатилась между нами
любовь, испепелившая два тела;
два призрака остались одиноких,
и не дано соединиться им.

* * *

Пляшет холодный пепел
под неумолчный вой
в комнате, где когда-то
слышал я голос твой.

Пепельная каморка
и одинокий зов
осатаневшего ветра —
вместо двух голосов.

Мёртвый портрет в простенке.
В зеркале — пустота.
Серый комочек платья.
Брошенная тахта.

Пепелище любви
ветер терзает злой,
ночью ворвавшись в щели
и шевеля золой.

ИЗ ИТАЛЬЯНСКОЙ ПОЭЗИИ

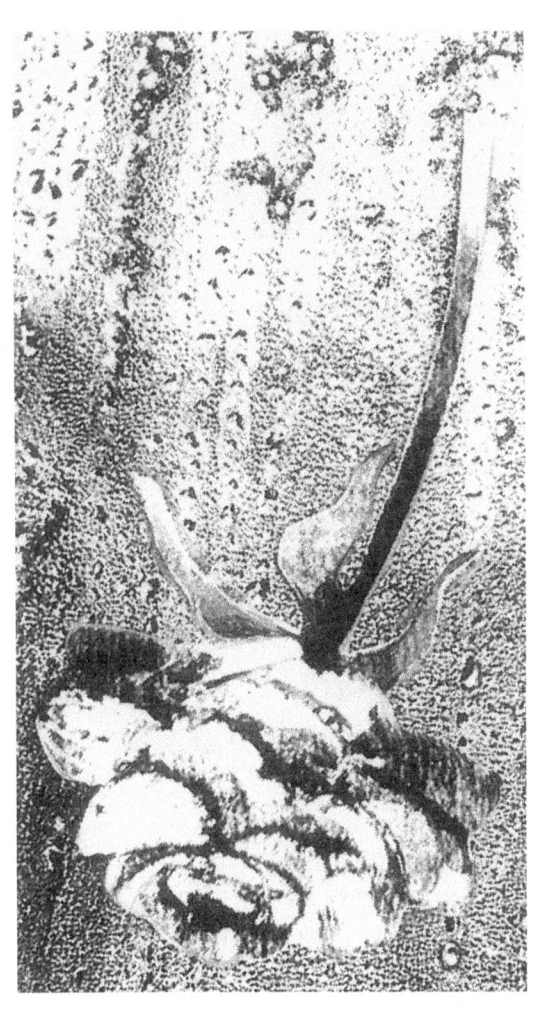

Франческо Петрарка
(1304–1374)

НА ЖИЗНЬ ДОННЫ ЛАУРЫ[26]

CCXV

И эта царственность, и скромность эта,
И простодушье рядом с глубиной,
И зрелость, небывалая весной,
И ум, и жар сердечного привета —

Все чудеса счастливая планета
Соединила в женщине одной,
И, чтоб восславить облик неземной,
Достойного не сыщется поэта.

В ней пылкость с благонравьем не в контрасте,
Как с прирождённой красотой наряд,
Без слов её поступки говорят.

А этот взор! В его всесильной власти
Днём тьму, а ночью солнце породить,
Смех в горечь, слёзы в сладость превратить.

CCXVI

Днём плачу я. Когда ж, забыв мирское,
Все смертные блаженствуют во сне,
Меня терзает боль моя вдвойне,
И снова в плаче исхожу тоскою.

Обожжены солёною рекою
Мои глаза. И почему бы мне
Не быть с последней тварью наравне,
Имеющей хотя бы миг покоя?

Так день ко дню, ночь к ночи — всё одно.
Не скоро довлачиться суждено
До жизни той, что носит имя смерти.

Казнь — по грехам. И вызволить меня
Не в силах из геенского огня
Сама она — живое милосердье.

CCXXI

Какой вершится надо мной закон,
Чья власть влечёт меня на поле брани,
Где безоружный в грозном состязаньи,
Я каждый раз повержен и сражён.

Но не восторгом ли чреват урон,
Когда в груди пожара полыханье,
И сердце плавится, и нет дыханья,
И двадцать лет блаженный длится стон.

И смерть любезная мне шлёт гонца,
Когда, слепя, восходят издалёка
Ко мне навстречу два небесных ока.

И ни в словах, ни в памяти сберечь
Немыслимо видение лица:
Немеет ум, беспамятствует речь.

НА СМЕРТЬ ДОННЫ ЛАУРЫ

CCCXXIX

О зависть звёзд! Кляну свою судьбину,
Убито всё, что мной боготворимо,
Чтоб стало солнце для меня незримо,
Угодно было року-властелину.

Моя мечта низвергнута в пучину,
Та, что была всех трепетней хранима,
И все надежды кончились, помимо
Единственной надежды — на кончину.

Как близящейся гибели печать
В твоих глазах я мог не замечать?
На то особое небес решенье,

Как обойтись заранее со мной:
Они мне взор застлали пеленой,
Чтобы внезапным было пробужденье.

CCCLXII[27]

В крылатом помысле на небесах
Я сделался почти что завсегдатай,
Почти подобен душам, что когда-то
Умчались ввысь, земле оставя прах.

И в сладостном ознобе, и в слезах
Я слышу голос той, чьё имя свято:
«Друг, ты возлюблен мною — вот расплата
За скорбь твою, за проседь в волосах».

И к своему подводит Господину.
«Дозволь обоих вас не покидать!» —
Молю Его о милости единой.

И мне в ответ: «Тебе на этом свете
Всего лишь тридцать лет осталось ждать,
Но каждый год — как три десятилетья».*

---

* Петрарка действительно пережил Лауру на 30 лет.

ИЗ КАМЕРУНСКОЙ ПОЭЗИИ

Франсис Бебей [28]
(1929–2001)

МАСКА ИФЕ [29]

Маска Ифе [30] —
древесный лик сумеречных времен —
следит, ухмыляясь,
за хороводом годов,
проходящим в ритме маятника часового.

— Что есть год
и что век? —
повторяет она про себя. —
Два пальца,
скучающих на циферблате;
уж не они ль
способны меня состарить?
Фробениус,* к тебе я взываю,
к тебе, что меня отыскал
под безжалостным солнцем Бенина;
взгляни:
разве я постарела?
Разве не те же морщины на лбу
и не то же страданье во взоре?
Друг мой, время не старит меня —
год ли, век, —
что мне два пальца,
скучающих на циферблате?

---

* Лéо Фробéниус (нем. Leo Frobenius; 1873–1938) — немецкий этнограф-африканист. *Источник*: Википедия. *(Прим. А.Зарецкого)*

Я, маска Ифе,
безразлична к векам
и в веках неизменна;
сегодня — такая ж,
как тогда, на свежей земле,
когда изваяла меня
первобытная сила искусства.

Уже не торгуют рабами — десяток сигар за штуку;
протяжные стоны не рвутся
из трюмов, наполненных смрадом.
У жизни иные заботы,
и она награждает искусство
мещанской медалью за верность текущей минуте.

— Как хороша эта маска! —
восклицает сноб, не веря себе самому.
— Хороша? — откликается архисноб. —
Но разве не ясно,
что ей не хватает штриха здесь вот, на правом виске. —
И профессорьё затевает бесстыдную болтовню,
выдвигая тысячи соображений о негритянском искусстве.

Будьте ж неладны — вы, возомнившие, что обрели
тайный смысл,
сокровенное слово маски.
Вчерашняя пошлость
копируется сегодня:
слепые поводыри
заблудились
в негритянском искусстве,
что старо, как мир, и, как мир, первозданно.
Будьте неладны — вы, решившие, что разгадали
неподвластное разуму слово.
Плоские толмачи,
чуждый от века язык
вам ли дано постичь
с вашим бесплодным рассудком?

Маска Ифе прислонила древесный лик сумеречных
времён
к столу, где расставлены сувениры,
и говорит их владельцу, туристу, обживающему святые
места.

— Ты, почтивший меня посещеньем,
послушай, приятель:
хочешь — смотри на меня, не нравится — отвернись,
но не суди обо мне;
и, главное, умоляю,
не пытайся меня разложить
по полочкам глупым
науки чужого мне мира.

ОПТИМИЗМ

Ангелы бога образовали конвейер,
штампуя кулёчки счастья
в розово-голубых покоях
цвета летних закатов.

Ангелы сатаны образовали конвейер,
штампуя кулёчки злосчастья
за серой занавескою капель,
составляющих тучу.

Прелюбопытное дело...

Ливень стоит стеною.
Сорок дней и сорок ночей потопа
тянутся до сих пор.

Мелькнуло нечто иное:
радуга осчастливила Ноя,
но скрылась за пеленою
бесчисленных серых капель,
составляющих ливень.

Нужны нам новые солнца,
сильнее, чем это солнце,
нужны такие лучи,
которые смогут землю
спасти от потоков злосчастья;
нужны нам новые солнца,
сильнее, чем это солнце,
нужны другие лучи,
могущие выпить тучу —
в предотвращенье потопа.

Возьми же свою сноровку,
уменье
и разуменье
и отправляйся в цех,
где люди и механизмы
фабрикуют счастье для всех.

Там, в конвейере длинном,
ты найдёшь своё место,

будешь затягивать гайки,
клепать, ковать
и слесарить —
множить крупицы счастья.

Работай, работай, работай
для блага себе подобных,
так же, как те ангелочки,
что выстроились цепочкой,
штампуя кулёчки счастья
и детали нового мира.
Работай...

— Я?
За меня — не волнуйся;
лучше я посмотрю, как работаешь ты,
как усталость и отвращенье
тебя одолеют на склоне лет —
на подступах к дерьмовому счастью.
Я, развалившись в качалке дней,
посмотрю, как раздавит тебя безнадежность,
а быть может, все та же надежда;
и тогда я спрошу у тебя:
— Друг мой, взыскующий неба,
задумался ты хоть раз:
а что, если Бог не хочет,
чтоб были счастливы люди?

ИЗ КОНГОЛЕЗСКОЙ ПОЭЗИИ
(ЗАИР)

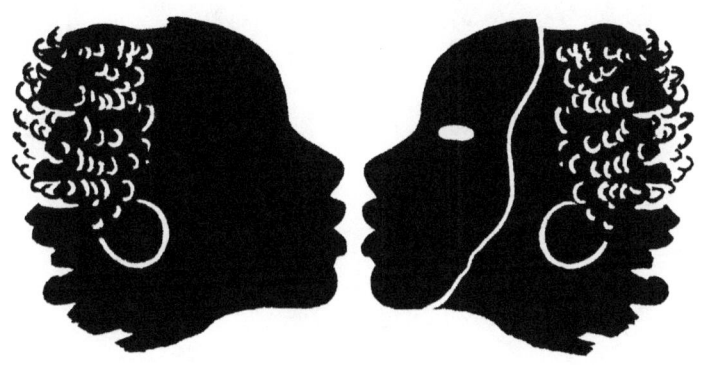

Из конголезской поэзии (Заир)

Клементина Нзужи*
(1944)

ДВИЖЕНИЯ

Возникло дерево
   из влаги
      глаз твоих.
Над деревом
     склонившись,
       опускаюсь
         в твои глаза.

Навстречу
  ветви
    пальцев.
Ломаю дерево
      и погружаюсь
        в прохладу
  рук.

---

* Опубликовано: *Поэзия Африки*. Библиотека Всемирной Литературы. Том 131.— М. Художественная литература, 1973. Все стихи переведены впервые из сборника «Murmures» («Шепот»), 1969.

ЗЕРКАЛО

Я причёсываюсь и гляжусь
В зеркало твоих глаз.

Не страшись...
Если голос мой задрожит,
Если будет невнятна речь,
Если загадочна будет строка,
Если зубами вопьюсь в камыш,
Не страшись.

Слышишь, льётся кровь бедняков,
Не оттого ли и у меня
Сердце в крови?

Возьми меня за руку,
Не страшись,
Будем вместе,
Будем вдвоём,
Буду причёсываться и глядеть
В зеркало твоих глаз.

ЗАНЕСЁННЫЙ КО МНЕ

Занесённый ко мне
Ветром нежданных встреч,
Вновь поселился он
В хрупком сердце моём.

Он улыбку сберёг
В горьком изгибе губ
И сохранил в глазах
Нежность былых времён.

Снова взглянули мы
Друг на друга, как встарь,
И, как в прежние дни,
Застучали сердца.

Раненую, в шипах,
Руку нашла рука;
Превозмогая боль,
Встрепенулись тела.

Так за гранью потерь,
За пределом утрат
Мы рванулись к любви
Наперекор судьбе.

ВЕЧЕР

В пору, когда сирены ревут
И солнце медленно падает вниз,
Уживаются странный покой
И беспокойный гул.

Сумерки наступают не вдруг,
По газонам бродят лучи,
Будто пришельцы из дальних миров;
Золотом облит горизонт.

Изукрасили небосвод
Великолепные города,
Праздничные дворцы
И тамтамы огня.

Замигала звезда
И другая в ответ,
И вот уже тысячи огоньков потрескивают в темноте.
Это
     Ночь!

НЕТ, НЕ МОЯ ВИНА

Нет, не моя вина,
Что я не понятна вам.
Мне
Природой самой
Дан заумный язык.

Речь древесной листвы,
              ветра,
              цветов
              и вод —
Это тоже язык,
Невнятный уху людей.

Считайте, что я деревцо,
              ветер,
              цветок,
              вода,
И вслушивайтесь в меня.

ИЗ КУБИНСКОЙ ПОЭЗИИ

Хуан Кристобаль Наполес Фахардо (Кукаламбе)[31]
(1829–1862)

КАУТО[32]

Твоё обворожительное лоно,
Где звёздный свет играет и дробится,
Красавица моя, моя царица,
В молчанье созерцаю восхищённо.

Какая мощь свободного разгона!
Волн нескончаемая вереница
Несётся к морю, и ночная птица
Их переплеску вторит монотонно.

Я славлю этих древних вод размах
И, воспевая твой простор широкий,
О новых забываю временах.

И в час, когда слагаю эти строки,
Мне видится, как на твоих волнах
Качаются индейские пироги.

АТУЭЙ[33] И ГУАРИНА

Свет кокуйо от ладони,
Под пятой утёс отвесный,
А над ним — шатёр небесный,
Нерушимый свод бездонный.
На равнину и на склоны
Ночь ложится чёрной шалью.

Там, на горном перевале,
Зыблется туман угрюмый.
Глухо шепчутся ягрумы,
Он стоит, объят печалью.

Оперением лиловым
Осенён, в уборе бранном,
С гибким луком и колчаном,
Изваянием суровым
Он застыл под звёздным кровом.
Удручён жестоким горем,
Словно камень среди гор он.
На Всевышнего надеясь,
Скорбно молится индеец,
Обратившись к небу взором.

Слышит он порывы ветра,
Слышит, как разносит эхо
Дальний шум стволов атэхе,
Мерный гул могучих кедров.
Стонут горы, стонут недра,
Стонут волны Эль-Кайохо —
Их неугомонный грохот
Ввысь стремится, как опара.
Птица ночи гуабайро
Стонет средь ветвей корохо.

И сорвался звук свистящий
С губ индейца — заунывный
И протяжный клич призывный,
И стремглав к нему тотчас же
Девушка бежит из чащи.
И про их разлуку злую,
Индианку молодую
Обнимая, говорит он.
— О, прощай же, Гуарина! —
Говорит он ей целуя.

— О, не уходи, любимый!
Без тебя с тоски я сгину! —
Восклицает Гуарина
В горести невыразимой. —
Уносимый бурей зимней,
Мчится лист сигуарайи;
В устье речки удирает
С перепугу кагуама...
В Сьенага-де-ла-Вирама
Я останусь, умирая...

Он в ответ ей: — Нам — о, горе! —
Суждено расстаться, ибо
Злое племя караибов
В край родной мой вторглось с моря.
Рог войны трубит. И вскоре
Враг узнает оробелый,
Как летают наши стрелы,
Как разить они умеют,
И, от ужаса немея,
Побежит в свои пределы.

Призывает племя сына,
Кличет род вольнолюбивый, —
В бой из твоего боио
Ухожу я, Гуарина.
Эту мирную долину
И приют подруги нежной
Покидаю, безутешный.
Но когда сметём врага мы,
Я к тебе, цветок Вирамы,
Возвращусь с любовью прежней.

Так, в поход собравшись дальний,
Говорит он, гладя косы
Девушки черноволосой.
И в разлуки час печальный
Слышит он завет прощальный:

— Будь же Родины достоин,
Атуэй, отважный воин!
Уходи, тоски не ведай.
Жду любимого с победой.
Будь в сражениях спокоен.

И расходятся с объятьем,
С поцелуем нежным, длинным
Атуэй и Гуарина —
С поцелуем и заклятьем,
Чтобы встретиться опять им.
И качаются вершины,
И поют на лад старинный
Пальмы, кедры, хагуэи,
Прославляя Атуэя,
Величая Гуарину.

НИЧТО

Ничто — первооснова мирозданья.
Ничто — явленья все и наблюденья.
Ничто — источник всякого рожденья.
Ничто — финал для всякого созданья.

Ничто — невзгоды наши и рыданья,
И наша слава, что подобна тени.
И роскошь, и восторги обладанья,
И вожделенья все, и наважденья.

Преобразив комок земного тлена, —
Воистину ничто! — повёл Творец
Наш род людской от первого колена.
Вселенная — ничто; и, наконец,

Ничто — и мысль, что всё ничто, — сонет,
Которого — по завершенье — нет.

МОЙ ПОРТРЕТ

Я белобрыс, сеньоры, как ни странно,
Мой лоб широк, как добрая скамья.
Мои глаза, предполагаю я,
Напоминают кратеры вулкана.

Нос — как Дунай, и уши — великана.
Рот — грандиозный грот: его края
Не переполнит ни одна струя —
Хоть из стакана, хоть из океана.

Мое лицо — кусок сырого мяса,
Который не украшен бородой.
Я страшно долговязый и худой,
Как видите, уродств различных — масса.

А между тем от женщин нет отбою:
Льнут, а потом злословят всей гурьбою.

МОИ ПОРОКИ

Не кланяться властителям надменным,
Помалкивать о горестях своих,
Бесить лжецов, высмеивая их,
И оставаться в мненьях неизменным.

Не подвизаться в скопище презренном
Шутов великосветских и шутих,
Всерьёз не слушать женских клятв пустых
И равнодушье сохранять к изменам.

Во всём докапываться до причины,
В сужденьях быть правдивым до конца
И стаскивать с любого дурачины
Привычную личину мудреца.

Мои пороки — таковы. Поверьте,
Что я их сохраню до самой смерти.

ДОМ ПОЭТА

К дону Хилю на минутку,
Увидав его в окошко,
Я зашёл... Ещё немножко —
И лишился б я рассудка.

Бьёт посуду сын-малютка
И об миску лупит ложку,
Негритёнок щиплет кошку,
И вопит хозяйка жутко.

Чем кормить супруг прикажет?!
Ни песеты в доме нету,
Прожит скарб, что прежде нажит...

Муж невозмутим при этом:
Вот уж год, как не портняжит,
Вот уж год, как стал поэтом.

Эфрен Мартинес Каланья

НАРЯД ЖЕНЩИН[34]

В спорах дня приняв участье,
я — совсем без вожделенья,
но с оттенком сожаленья —
вам поведаю о страсти,
что владеет слабой частью
человечества. С отрадой
бесконечные наряды
шьёт девица иль жена,
но всегда обнажена
наподобие наяды.

Отправляется кокетка
в город. Холод ли, жара, —
забывается с утра
дома скромная жакетка,
а всё прочее нередко
заменяет саюэла —
ткань прозрачная. И смело
всем вокруг бросает вызов,
возгласы восторга вызвав,
ослепительное тело.

Стянуты в коленях ноги —
не придумать у́же юбки!
Грудь гола, как у голубки, —
негодует взор мой строгий!
Вырез тянется широкий
от затылка к пояснице, —
где ж пределы, где границы!
Безусловно, вещи эти
надобно держать в секрете
и замужней, и девице.

А ещё и так возможно:
юбка колоколом сшита,
и, как зонт, она защитой
от лучей была б надёжной,
но зато увидеть можно
в неподдельном изумленье
много больше, чем колени.
А теперь кончаю с Богом, —
женской скромности залогом
стань, мое стихотворенье!

Чео Альварес

НА ПОБЕДУ РЕВОЛЮЦИИ[34]

Ни годы, ни труд согнуть
меня не смогли. И в пору
мне под гору или в гору
держать без тропинки путь —
не сбиться и не свернуть.
И пусть я рождён поэтом,
я твёрже, чем бук, при этом
и прям, точно ствол сосны;
ни фальши, ни кривизны
во мне и в помине нету.

Ещё и сегодня я
о наших делах нередко
толкую с насмешкой едкой,
и песня звенит моя,
тревожных дум не тая.
Но дорого мне и любо,
что нет тирании грубой
отныне в моей стране.
Сегодня могу вполне
гордиться свободной Кубой.

СВОБОДА

Если бы все люди знали,
ощущали это счастье —
не дрожать под игом власти,
то свободу б не теряли.
Только многие едва ли
различают вкус свободы, —
вот лишась её на годы,
воспылают к ней любовью
и тогда готовы кровью
оплатить её расходы.

Франкестен[34]

БЕЗ НАДЕЖД ЛЮБВИ

Плохо не иметь с рожденья
ни талантов, ни богатства
и бродягою скитаться
от селенья до селенья.
Плохо, если жажда мщенья
в кровь проникла, пламенея.
Плохо, коль певец беднее,
чем батрак в рубахе рваной.
Но без сладкого обмана,
без надежд любви — страшнее.

Плохо, если без работы
бьёшься в поисках бесплодных, —
чем кормить детей голодных?
Плохо, если без расчёта
на собранье брякнул что-то, —
речь как будто всех вернее,
да смеются все над нею, —
тяжела обиды рана.
Но без сладкого обмана,
без надежд любви — страшнее.

Плохо тем, кому от века
суждено дрожать от стужи,
затянув ремень потуже.
Плохо, если человека
допекла вконец опека.
Плохо, если ты, краснея,
вдруг в желаньях стал скромнее,
обыскав свои карманы.
Но без сладкого обмана,
без надежд любви — страшнее.

Плохо, что отцы бывают
с сыновьями бессердечны,
Плохо, что заботой вечной
матерей нужда сгибает.
Плохо, если с ног сбивает
нас судьба — поспорь-ка с нею!
Плохо, что воров гнуснее
те, что рвут налоги рьяно.
Но без сладкого обмана,
без надежд любви — страшнее.

Леонсио Янес[34]

ОТКРЫТИЕ ТАБАКА

Колумб на восток послал
Родриго де Хереса вместе
с Луисом де Торрес. Вести
о золоте жадно ждал
и лишь о нём Адмирал
мечтал теперь неустанно:
не надо Кубанакана*
прекрасного Токолоро**
найти б золотые горы, —
казну Великого хана.

И ночью и днём идут,
идут на восток посланцы,
и рубят в пути испанцы
кустарник витой, как жгут,
а золота всё не найдут.
И путь завершился длинный
цветущей, как рай, долиной,
где — счастливы, голы, босы —
пускают дымок из носа
индейцы, народ невинный.

Того ли ждал Адмирал,
того ли ждал без меры,
о том ли в безумье веры,
в упрямом бреду мечтал?

---

* Кубанакан на языке местных жителей — Средняя Куба.
** Птица, символ Кубы.

И что Колумб испытал,
легко представите вы,
Когда поднесли — увы! —
два верных посланца робко
ему с образцами хлопка
пучок какой-то травы.

Насмешка слепой судьбы!
Неужто мечты напрасны,
напрасен был путь опасный,
невзгоды в пылу борьбы
и годы глухой алчбы?
И молча стоит он, мрачный,
с травою в руках невзрачной,
не знает герой испанский,
что дивный табак гаванский
открыт в этот день удачный.

Оросман Эстрада[34]

УРАГАН

Влажный воздух пропитан печалью,
всё вокруг предвещает бурю.
Видишь, небо, брови нахмуря,
закрывается чёрной шалью.
Видишь, тучами скрыты дали,
ни единого нет просвета.
И тоска щемящая эта,
что струится в грудь с небосвода, —
будто плачет сама природа,
ни одним лучом не согрета.

По селу и окрестным нивам
прокатился ветер знобящий,
и порывы его всё чаще,
всё сильнее его порывы.
Замерла земля сиротливо,
и как будто время застыло.
Будто, скованный чьей-то силой,
этот хмурый день нескончаем,
грозовую мглу расточая,
день померк и поник уныло.
Птица ищет в ветвях защиты,
прячет яркое оперенье,
тучи натуго ветром сбиты,
перекручены, перевиты.
Мчатся тучи по небосклону —
мчатся траурные вагоны
и развозят воздуха глыбы,
так везли они и везли бы
свой воздушный груз многотонный.

Пальма яростно задрожала,
затряслась от тоски и гнева,
проклиная угрозы неба.
Пальма боль свою не сдержала,
не сдержала горестных жалоб.
Ветви в страхе сплелись, как руки,
и раздались странные звуки,
точно это боец сражённый
перед смертью глухие стоны
исторгает в последней муке.

ИЗ ОСЕТИНСКОЙ ПОЭЗИИ

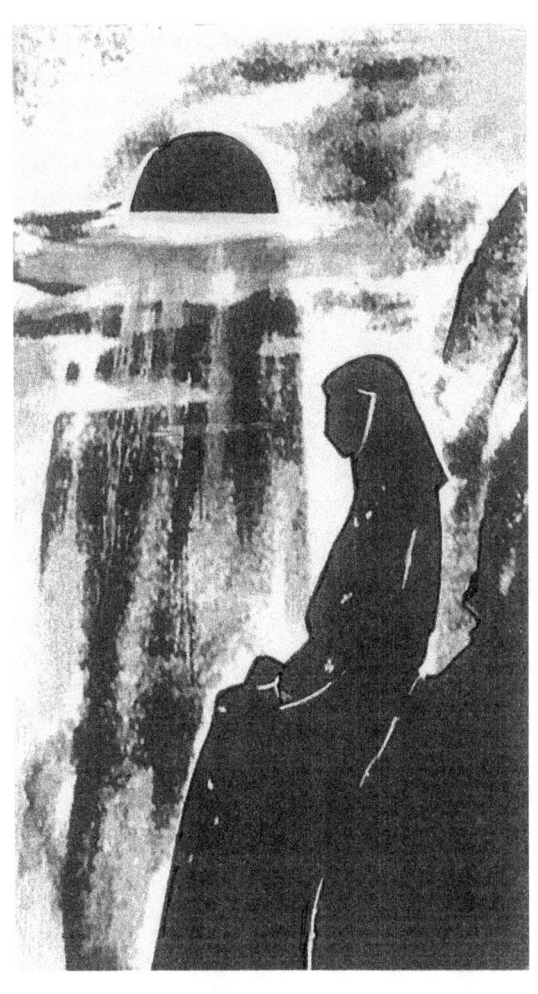

Хаджи-Мурат Дзуццати[35]
(1932–2000)

МАТЬ В ТРАУРЕ[36]

Сколько лет подряд
Ловлю за собой вслед
Чьей-то матери взгляд,
Годами выстраданный,
Траурный, пристальный...
У матери сына взяла война,
У матери сына не стало.
Ходит она, дышит она,
А жить — перестала.
Горе с матерью —
              неразлучимо.
Сердце матери —
              неизлечимо.
По улице иду ли зелёной,
Любуясь весною,
              не зная заботы;
Спешу ли на свадьбу,
              домой ли с работы,
Или с подругой,
              влюблённый,
Хожу,
      свежевыбрит,
            в сорочке шёлковой, голубой, —
Вижу перед собой
Матери, траур носящей, глаза,
Ждущие чего-то глаза,
Завидующие чему-то глаза.

Сколько раз
            себе повторяю:
«Самому ничего не надо!»
Уверяю:
      моя отрада —
В том, чтоб счастливы были люди.
Все, что нужно людям, —
                  да будет!

   Будет дом и чистое сердце,
   Будет полная чаша, щедрость,
   Будут дети, и будет правда,
   Будет музыка и веселье!

О, я людям хочу
            только счастья!
Почему ж при виде меня
День ото дня всё чаще
У матери, траур носящей,
      Наливаются болью глаза,
      Ждущие чего-то глаза,
      Завидующие чему-то глаза?

Сколько раз зазывает чужая мать:
— Заглянул бы ко мне, сынок!
Нет радости выше — тебя принять... —
Угощает, сбиваясь с ног:
— Араки испей,
            вот груши —
Кушай...
Для тебя я вырвала б душу! —
И кажется ей в этот миг:
Сбылись заветные сны,
И сын не глядит со стены
Из траурной рамы,
А сидит за столом
            возле мамы

И ласково к ней приник.
Но время идти домой,
И чувствую:
           вслед за мной —
Слезами наполненные глаза,
Ждущие чего-то глаза,
Завидующие чему-то глаза.
О, я давно постиг:
Никто не заменит матери сына
                от крови её и кости!

Единственный сын матери
           на чужой земле умирал,
                вражьей пулей сражённый.
Единственный сын матери
           перед смертью мать свою звал
                     в степи обожженной:
— О нана!
       Кто закроет мне очи?
Без тебя умираю...
Воронье налетает, чернее ночи,
с голодным граем.
Я оглох от хриплого грая —
умираю...

С тех пор проходят ночи и дни,
Но не просохнут вовек они —
     Матери одинокой глаза,
     Ждущие чего-то глаза,
     Завидующие чему-то глаза.

С тех пор принеси ей платье любое:
Красное,
       жёлтое,
              белое,
                   голубое, —

У неё лишь один ответ
                    готов:
                            «Нет!»
И чёрный наденет цвет —
Больше не видит она цветов.
В трауре мать...
                    одинокая мать...
Стоит лишь взгляд мне её поймать,
И весь я дрожу от боли...
Люди!
            Ослепли вы, что ли?
Люди!
            Глядите острей:
У матерей
            Горем наполненные глаза,
            Ждущие чего-то глаза,
            Завидующие чему-то глаза.

* * *

Надо мной
        в вышине
                    журавли пролетают,
И кажется мне:
           из прошлого
Нежданно, непрошенно
Летит треугольная стая.
Медленно летят и устало
Над степью казахской,
                 бескрайней,
                       горячей,
Как будто прошлое вновь настало —
Летят и плачут...

Со мною рядом
              комбайн отдыхает.
Комбайну, наверное, снится
В несчётных валках пшеница,
Вызревшая, сухая.
Уселись друзья
            под комбайн полукругом;
В труде ненасытны,
           сейчас они
Закусили
      яйцами, молоком да луком
И тут же уснули в тени,
В пыли и в мазутном глянце,
Черные, как африканцы.
А я на спине лежу —
            и не спится,
И небо глазами мерится:
Летит из прошлого
              журавлей станица,
Как треугольник,
        как сердце.

Над степью маячат,
Летят и плачут...

О журавли!
Вы пробудили во мне
Память неистребимую
О невозвратной весне,
Когда я покинул любимую —
Со знакомым до боли домом
И с парнем,
        совсем незнакомым.
Вы с плачем летите
              в чужие края,
Как любовь,
        как юность моя!

О журавли!
Большой,
Среброголовый поэт
Так любил журавлиные трубы!
Вам потянуться к нему бы,
Только его уже нет...
Любовался вами,
          думал о вас
Он до последнего лета...
Скажите,
     может быть, вы сейчас
Оплакиваете поэта?

О журавли!
Давным-давно
Предки мои — аланы*
Жили в степи бескрайней

---

* Аланы — предки осетин.

Как эта...
          В бою неустанны,
Отважны они и горды,
Но было их мало.
                Орды
Монголов
           несли им горе,
Они уходили в горы.
И слёзы стояли
              у женщин в очах,
Когда покидали
             родимый очаг,
Могилы отцов и мужей
                   покидали,
Покидали степные дали.
И скорбно тогда причитали они,
Жалобно причитали они,
Горько они причитали, —
Не вам чета ли?

Надо мной
         в вышине
                  журавли пролетают,
Летят и плачут.
             И верится:
Прошлое вновь показалось
                    и тает,
Как треугольник,
             как сердце.
Пролетают
         и тают...

ВОСПОМИНАНИЕ

В. А. Луговскому[37]

Да,
    больше не стонет
                сердце моё,
Время хоронит
           муку живьём.
Но тогда...
Чёрная рябь газет,
В чёрной кайме портрет.
Это лицо — его...
И больше
       нет
             ничего:
Нет ни солнца, ни дня,
Мира нет и меня...
Как! Он умер вчера?
Ведь тому назад несколько дней
Он мне сказал —
             серебристо-седой
Как наша гора:
— Женись,
       и на свадьбе твоей
Буду я тамадой! —
Как поверить
       в такое
             мне —
Его уже нет,
И он не поёт?..
Да, больше не стонет сердце моё,
Но тогда...
Переделкино.
        Писательский дом.

За его окном,
Как звезда,
Свет не гаснет до утренней сини.
Так бодрствует мать,
При больном неотлучная сыне, —
В ночи напряжённой,
При лампе зажжённой
Ей глаз не смыкать...

Старушка вахтёрша дивилась:
— Скажите на милость!
Себя не жалеет уж очень,
Всё пишет
   и день
      и ночь он,
Да бродит в ночи
     по даче
Походкой глухой
      кошачьей.
И вот
Телефон зовёт
Подряд —
Киев,
  Баку,
    Ленинград...

О да!
  он в стихи вложил
Всю страсть,
    всю кровь своих жил.
А как он с людьми дружил,
Как сердцем людским дорожил!
Он жизнь нас учил любить,
Смеяться,
   и петь,
     и пить,
И братьями в жизни быть,
И славить стихом бытие...

Да,
      больше не стонет сердце моё,
Но тогда...
Я помню его семинар —
Различные имена,
Различные племена.
Мы все перед ним равны,
Мы все для него сыны:
Башкир,
    осетин,
           узбек...
Гортанных стихов разбег
Ловил он,
      как русский стих,
Он душу стихов постиг,
Он чувствовал,
        как поём
Куда
    повернёт строка:
Вот здесь дорога гладка,
Здесь — спуск,
      здесь — крутой подъём...
Удачи желал он нам
Всем сердцем,
        без лишних слов,
Но был беспощадно прям,
И суд его был суров.
Он был ненавистником
              лжи,
Он правде одной служил,
И правда в груди его
Была превыше всего,
Сильнее её права
Прав дружбы,
      любви,
           родства...

Улица
        горем людским
                  заплыла,
Люди —
      за гробом
             процессией длинной...
Люди!
      Не видели вы орла?
Глядите ж,
      Глядите
             на профиль орлиный!
Он ветра времени был певцом.
Куда б ни стремился ветра поток —
На север,
      на запад,
           на юг,
                на восток, —
Он шёл навстречу ему бойцом,
Его порывы ловил лицом
И был,
      как орёл,
           остролицый...
Когда приезжаю в столицу,
Где нету числа домам,
Мне кажется:
            пусто там —
В какой ни зашёл бы дом,
Его
    не найти
        ни в одном.
На трость опершись рукой,
Тяжёлой,
      крутой, как жесть,
Со мной он не сядет здесь...

Но твёрдый остался жест,
И взгляд,
        знакомый такой,
И голос его:
        «Держись!
Безмерна,
        прекрасна жизнь!»
И будто бы мы вдвоём...
Да,
   больше
          сердце моё
Не стонет,
Время хоронит
Муку живьём.

ИЗ ПЕРУАНСКОЙ ПОЭЗИИ

Сесар Вальехо[38]
(1892–1938)

* * *

Мне страшен[39]
поток воспоминаний —
жестокий властелин мой, приносящий
горчайшую отраду. Страшен
тот дом единственный, сулящий
                                    счастье,
дом, где дано забвенье доли нашей.

Не станем же входить. Страшна мне
                                      милость —
в минувшее вернуться по минутам,
                                  мосткам летучим...
С места я не двинусь,
бесстрашное моё воспоминанье,
мой грустный властелин, скелет
                                    певучий.

В том доме заколдованном, мечась,
бесчисленные ртутинки смертей
меня окатят: и свинцом забьёт
мне поры, что сейчас
в бесплодное открыты бытие.
Поток, не ощущающий сегодня
бесстрашное моё воспоминанье,
зови меня — я не придвинусь ближе.
Свисти, свисти, скелет печальный,
                                            рыжий!

ИЗ ПОЛЬСКОЙ ПОЭЗИИ

Адам Мицкевич
(1798–1855)

К РУССКИМ ДРУЗЬЯМ[40]

Вы — помните ль меня? Когда о братьях кровных,
Тех, чей удел — погост, изгнанье и темница,
Скорблю — тогда в моих видениях укромных,
В родимой череде встают и ваши лица.

Где вы? Рылеев, ты? Тебя по приговоре
За шею не обнять, как до кромешных сроков, —
Она взята позорною пенькою. Горе
Народам, убивающим своих пророков!

Бестужев! Руку мне ты протянул когда-то.
Царь к тачке приковал кисть, что была открыта
Для шпаги и пера. И к ней, к ладони брата,
Пленённая рука поляка вплоть прибита.

А кто поруган злей? Кого из вас горчайший
Из жребиев постиг, карая неуклонно
И срамом орденов, и лаской высочайшей,
И сластью у крыльца царёва бить поклоны?

А может, кто триумф жестокости монаршей
В холопском рвении восславить ныне тщится?
Иль топчет польский край, умывшись кровью нашей,
И, будто похвалой, проклятьями кичится?

Из дальней стороны в полночный мир суровый
Пусть вольный голос мой предвестьем воскресенья —
Домчится и звучит. Да рухнут льда покровы!
Так трубы журавлей вещают пир весенний.

Мой голос вам знаком! Как все, дохнуть не смея,
Когда-то ползал я под царскою дубиной,
Обманывал его я наподобье змея —
Но вам распахнут был душою голубиной.

Когда же горечь слёз прожгла мою отчизну
И в речь мою влилась — что может быть нелепей
Молчанья моего? Я кубок весь разбрызну:
Пусть разъедает желчь — не вас, но ваши цепи.

А если кто-нибудь из вас ответит бранью —
Что ж, вспомню лишний раз холуйства образ жуткий:
Несчастный пёс цепной клыками руку ранит,
Решившую извлечь его из подлой будки.

ГОЛОС С ТОГО СВЕТА*
ПОСЛЕСЛОВИЕ К ПУБЛИКАЦИИ

23 февраля 1842 года друг Пушкина Александр Тургенев, брат «хромого Тургенева» из декабристских строф «Онегина», записал в дневнике: «На последней лекции я положил на его (Мицкевича. — *В. Ф.*) кафедру стихи Пушкина к нему, назвав их «Голос с того света».

Этот список стихотворения «Он между нами жил» с надписью Тургенева хранится сегодня в музее Мицкевича в Париже.

Так уж получилось, что надпись эту, «Голос с того света», можно отнести сегодня и к переводу стихотворения «К русским друзьям», сделанному Анатолием Якобсоном незадолго до смерти. Это послание Мицкевича несколько раз неудачно переводилось на русский язык, пока, наконец, перевод В. Левика не вытеснил все работы его предшественников. Сегодня перевод Левика считается хрестоматийным и входит во все сборники Мицкевича, издающиеся в Советском Союзе. К сожалению, перевод этот сделан «без божества, без вдохновенья». Левику не только не удалось воспроизвести ритмико-фонетическую поступь и интонационную динамику оригинала, он умудрился исказить ход мысли автора, составляющий единое целое с формой стихотворения. Причем смысловые отклонения от подлинника настолько существенны, что заставляют подозревать переводчика в сознательной недобросовестности. У Мицкевича сказано: «...klatwa ludom, co swoje morduja proroki...». что в подстрочном переводе означает: «...проклятье народам, убивающим своих пророков». Левик же переводит: «проклятье палачам твоим, пророк народный». Как видим, Левик не только упростил Мицкевича, но и исказил, приписав ему банальную сентенцию. К тому же, весь перевод Левика пестрит такими штампами, как «светлый дух», «братских полон чувств», «радостный призыв» и т.д., немыслимыми у поэта такого масштаба, как Мицкевич.

---

* Публикуется с разрешения Владимира Фромера. В. Фромер © 1984.

В отличие от ремесленнической работы Левика, перевод Анатолия Якобсона — не слепок с оригинала, а живое воспроизведение, пусть и не воссоздающее в мельчайших деталях каждую подробность подлинника, зато обладающее теми же, что подлинник, качествами.

Якобсону удалось передать главное: взаимодействующее единство насыщенного ритма стиха с поступательным ходом мысли. Завершив работу над переводом Мицкевича за несколько месяцев до смерти, А. Якобсон ещё успел отправить его в Москву Лидии Корнеевне Чуковской, мнение которой ценил чрезвычайно. Оценка Л. К. Чуковской его обрадовала, хотя её критического замечания он не принял и продолжал считать строфы о Рылееве и Бестужеве своей творческой находкой. Лидия Чуковская писала: «Итак, о Мицкевиче: прочла Ваш перевод. Он замечателен богатством словаря академического и переводческого; такие словесные находки, как «погост», «череда» и «срам орденов» (браво!), «вещают пир». Да и кроме словесного богатства — поступь стиха передает величие, грозность. Но и недостатки представляются мне существенными. Две ударные строфы: о Рылееве и Бестужеве, не ударны, не убедительны, потому что синтаксически сбивчивы. «Рылеев, ты?» Найдено очень сердечно, интимно, а дальше — она (шея) взята позорною пенькою — сбивчиво, и вся строфа искусственна. Тоже и Бестужев. Даже до смысла я добралась не сразу, запутавшись в руке и кисти, тут синтаксис нарушен, то есть дыхание. <...> Перевод Левика ремесленная мертвечина, механическая. Вы его кладёте на обе лопатки. Рядом с Вашим он похож на подстрочник».

Б. Пастернак писал: «Подобно оригиналу, перевод должен производить впечатление жизни, а не словесности».

Такое впечатление жизни удалось передать Анатолию Якобсону в переводе одного из лучших стихотворений европейской лирики.

Владимир Фромер

ИЗ УРУГВАЙСКОЙ ПОЭЗИИ

Хулио Эррера-и-Рейссиг[41]
(1875–1910)

ОЧАРОВАННАЯ СИЛЕС

> *Mirabar quid maesta deos Amarilli, vocares*
> ....
> *Ipsae te, Tityre, pinus,*
> *Ipsi te fontes, ipsa haes arbusta vocabant.*
>
> Virgilius*

Вся пламя — Силес и прекрасна беспредельно.
И в десять лет уже ей стелят спать отдельно.
Молва о красоте её гремит повсюду,
и поцелуев щёки ждут её, как чуда.
В её дыханье вешнем — свежий дух осоки,
и запахи цветов, и нежность маниоки.
Но с некоторых пор она переменилась,
и даже милый ей священник впал в немилость.

И по субботам уж она не веселится
и не встречает у ворот свою ослицу.
Достать орехов, мёду — не её забота:
к чему печь пироги, когда прошла охота!
Не любо ей ничто — ни брошь, ни бант
                                    красивый...
Принёс бы домовой ей пауков с крапивой!

---

* Что, я дивился, богам ты печалишься, Амариллида,
....
Тебя эти сосны, о Титир,
Сами тебя родники, сами эти кустарники звали.

Виргилий

(«Буколики», эклога 1, 36–39. Пер. С Шервинского)

Всё ходит чаще без платка — простоволосой,
цветами белыми не украшает косы.
За бабочками не охотится ночными
и больше свой корсаж не украшает ими.
Любая вещь теперь ей кажется напрасной —
забыла даже о любимой юбке красной.
И звуков колокольчиков не слышит боле,
когда в унынье одиноком бродит в поле.

Сидит она до поздной ночи у порога.
Луна уже вписала в пруд свою эклогу.
Оплакивают ивы далеко в низине
своё презренье к людям и свою гордыню.
И пробил сердца час, и к синеве небесной
шум водопада поднялся струёй отвесной.
И, душу всколыхнув, дыханье нивы спящей
Осело в ней бессонницей животворящей.

А Силес всё сидит безмолвно и печально,
не сводит взгляда с глади озера зеркальной.
Мечтой опьянена, она её боится,
и, как листва в реке, дрожат её ресницы.
И пальцы сведены — окоченели даже,
и мысль её терзает всё одна и та же.
Из-за волос её, спадающих небрежно,
белеет грудь, как маленький зверёныш
                                    нежный.

. . . .

Из-за плетней, кустов и зарослей алоэ
рожка и флейты звуки слышатся порою.
И Силес снова вспоминает виновато
о том, как злой пастух её учил когда-то
той первой песне, что зовётся «Песней
                                    леса», —
в ней дикий крик стоял, как будто пели бесы.

Как малые ягнята, у смущённой Силес
неловко пальцы по свирели расходились.
Помехой большею, чем эта неумелость,
был взгляд Элиаса, рождавший в ней
                                            несмелость.
Ведь из-за взгляда этого на самом деле
влажнели пальцы у неё и тяжелели.

И тьмой сокрытая и тайной превеликой,
она бежит сквозь гущу трав, сквозь ежевику,
оставив позади и пастбище, и ниву,
прыжки речной воды ребячливо-игривой,
и вот к опушке леса подбежала снова —
туда, где раз случилось ей доить корову,
где он её в плечо поцеловал украдкой, —
такая выходка ей показалась гадкой.
Пастух на дудочке сыграл ей в утешенье
и получил в конце концов её прощенье.

В душе её нет удержу мечте неясной,
но пастуха убить она мечтает страстно
у озера, где он порою благодатной
с пастушкой юной утешался в час закатный.
Однажды ночью он признался Силес смело,
что знал он наизусть пастушки этой тело.
Отдаться вместе с ним воде мечтала Силес,
чтоб волосы её вкруг милого обвились,
чтобы в её руках в счастливый миг расплаты
он умер, поцелуями её распятый.

. . . .

И Силес, истерзав себя мечтой об этом,
сидит, как зачарованная, пред рассветом,
недвижна, как гора, и призрачна, как тучи,
мрачней монастыря, стоящего над кручей.

Сидит, забытая, одна в ночи бескрайной,
мечтой окутанная и луной, и тайной.

Вокруг утихло всё. Любовью дышат дали.
Разлился аромат торжественной печали.
Из-за плетней, кустов и зарослей алоэ
Рожка и флейты звуки слышатся порою.

ПРОБУЖДЕНИЕ

Алисия и Хлорис распахнули двери,
и залил комнаты неверный свет туманный,
сожмурясь, трут они глаза от недоверья
к предутреннему сну, пришедшему незвано.

Поторопился день в ручье умыться рано.
Плуг пашню оглядел, свой путь вчерашний
                                      меря.
Вкруг дома настоятеля плывёт сутана
по саду монастырскому жрецом мистерий.

Всё дышит радостью. И горы сквозь дремоту
о высях поднебесных грезят безмятежно.
Бубенчики твердят одну и ту же ноту

из утренних эклог сверчка, звучащих нежно.
И ласточки проносятся к заре безбрежной,
бесшумно ночь разбившей с птичьего полёта.

ВОЗВРАЩЕНИЕ

Земля погружена в заботы до предела...
В траве истлевшей мул пасётся спозаранку.
Гора, слиняв на зимнем солнце, стала белой,
как в стираном льняном переднике
                                           крестьянка.

Мы неба доброту осознаём всецело...
На пень пастушка села с юною осанкой,
и музыка рожка — священная приманка
для стада тучного — давно уж отзвенела.

Несёт дрова для ужина неторопливо
домой пастух всегда в одно и то же время.
Вот и сейчас своё он тащит бремя.

И вся его семья с улыбкою счастливой
ждёт сына у крыльца. И пёс его, игриво
хвостом виляя, кружит радостно пред всеми.

СИЕСТА

Всё замерло вокруг. Лишь на церковной
                                          башне
часы отсчитывают скуки благостыню.
И высится она во всей своей гордыне,
как пахарь-великан среди пустынной пашни.

Пострел-петух заводит с курицею шашни...
Аптекарь у своих дверей сидит в унынье...
Горит, пылая ярко, олеандр в камине,
священник рядом с ним вкусил уют
                                          домашний.

Нам небо синее дарит своё участье,
благословив труды и отменив ненастье.
В кружок собравшись, женщины бельё
                                    полощут,

чтоб чистое надели в праздники крестьяне.
От лени одурев, осёл забрёл на площадь,
зато теперь от псов бежит он в наказанье.

С ПОЛЕЙ

Нелёгкий труд оплачен золотом заката,
и женщины, не тратя время по-пустому,
вплетают в волосы цветы душистой мяты
иль вышивают, сидя на пороге дома.
Платки, и башмаки, и посох крючковатый...
С кувшином девушка скользит тропой
                                    знакомой,
и тихие часы, спеша, летят сквозь дрёму,
и вздох Аркадии щекочет куст лохматый.

Но вот из лужи гулко, словно из колодца,
гнусавая маримбы* песня раздаётся.
В озёрах утонули тусклые зарницы,

но розами заря вершины гор увила.
И пахари с полей бредут толпой унылой
по пыльному пути неслышной вереницей.

---

* Мари́мба — ударный музыкальный инструмент, родственник ксилофона.
Источник: Википедия.

ПРИТОЛОКА ЖИЗНИ

О, пыл искрящихся острот неукрощённый
и толстых кумушек изжёванные сплетни!
О, громыхание возов порою летней
под бубенцов неистовые перезвоны!

О, подлинное жизни счастие с врождённой
извечностью, как хлеб небес тысячелетний!
Ах, слиться б с наготой вещей и умереть
                                               в ней
или в объятиях Сивиллы благосклонной!

О, утро жизни несказанно-непорочной,
как деревенский белозубый смех молочный!
Вот пред зарёй, порвавшею ночные путы,

среди душистых трав большой фиалкой белой
деревня выросла и ожила для дела,
и жизнь в ней закипит с минуты на минуту.

ПЕЧАЛЬНОЕ ВИДЕНИЕ

Стада заполонили дали...
Они под тяжестью видений
тоскою жертвоприношений
тишь деревенскую терзали.

Под чёрной тайною вуалей
рождались знаки озарений,
и ты являлась на мгновенье
с глазами, полными печали.

Нас породнили судьбы злые
и сблизили сильней признаний
пожатья наших рук немые.

И поезд символом прощанья
мчит сквозь пространства заревые,
разлуку предпочтя страданью.

ИЗ ФРАНЦУЗСКОЙ ПОЭЗИИ

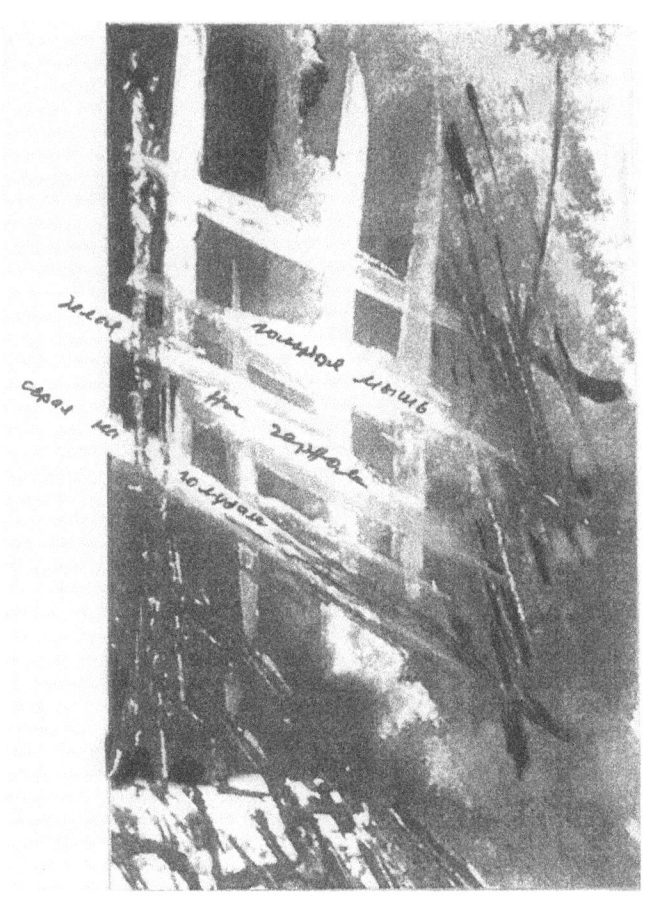

Теофиль Готье[42]
(1811–1872)

УЖИН ДОСПЕХОВ

Бьёрн, угрюмый нелюдим,
Погрузившийся в былое,
Коротает век один
В древнем замке над скалою.

Не ворвётся дух мирской
В глушь обители суровой, —
Стерегут её покой
Неподвижные засовы.

Застаёт рассветный час
Бьёрна на дозорной башне,
Он, к закату обратясь,
Провожает день вчерашний.

Весь он в прошлом. Всё мертво
Для него на этом свете.
И не бьют часы его,
И не движутся столетья.

Бродит Бьёрн. Звучат шаги,
Своды вторят звуку звуком.
Будто ходят двойники —
Друг за другом, круг за кругом.

Из живущих никому
Нет прохода к Бьёрну в замок.
Собеседники ему —
Предки в золочёных рамах.

Приглашает он порой —
Хоть и несколько сконфужен
Святотатственной игрой —
Предков-рыцарей на ужин.

Бьёрн приветствует гостей,
Кубок в полночь поднимая.
Сталь без мяса и костей —
Призраков толпа немая.

Все в броне — до самых пят.
Каждый хочет сесть. Колени
Норовят согнуть. Скрипят
И скрежещут сочлененья.

Чресла ржавые склоня,
С полым грохотом, нелепо,
В кресло рушится броня —
Остов, род пустого склепа.

Кто ландграф, а кто бургграф,
Кто с небес, кто из геенны, —
Но, забрала вверх задрав,
Одинаково надменны.

Гриф, дракон, крылатый змей
Светом вырваны из тени —
Геральдических затей
Безобразные виденья.

Хищный коготь, клюв кривой,
Пасть ощеренная зверья,
Над причудливой резьбой
Шлема — вздыбленные перья.

Двух зловещих огоньков
Синеватое мерцанье
Из открытых шишаков
И порожних лат бряцанье.

Барельеф из замка. Марбург (Тюрингия). Фото Владимира Рыбина.
http://world.lib.ru/r/ruppert_m_l/marburgdoc.shtml

В предвкушенье кутежа
Все расселись с видом важным,
Тень склоненного пажа
Обозначилась за каждым.

Всё вокруг обагрено:
При свечах ещё пунцовей
В кубках красное вино,
В блюдах соус — цвета крови.

Блик по панцирю пройдёт,
Шлем пернатый загорится;
Вдруг со стуком упадёт
Кованая рукавица.

Слышен лёт нетопыря —
Крылья бьются учащённо.
Реют, в воздухе паря,
С полумесяцем знамёна.

Строй кинжалов кабана
Запечённого кромсает...
Гул, вздымаясь, как волна,
Галереи потрясает.

Не услышали бы тут
Грома, грянувшего с неба:
Мертвецы не часто пьют,
Но зато уж пьют свирепо.

Что за пыл! И что за пир!
Будто для иной утехи —
Не на ужин, на турнир —
В замок съехались доспехи.

Льют из кубков, чаш, рогов,
Шлемы полнятся, — и скоро
Из железных берегов
Выйдут винные озёра.

Блюда опустошены,
Розовеют клочья пены,
И, как певчие, пьяны
Доблестные сюзерены!

Герцог влез в салат ногой
И, заботясь о соседе,
С ним проводит час-другой
В наставительной беседе.

Но сосед его — увы! —
Так и хлещет, шлем разинув,
Как разверзли пасти львы
На щитах у паладинов.

В склепе горло простудив,
Макс, певец хриплоголосый,
Свежий затянул мотив,
Модный в пору Барбароссы.

Шею, плечи и бока
Трёт Альбрехт, рубака ярый,
Сарацинского клинка
Вспоминает он удары.

Фриц, посуду расколов,
Шлемом об стол грохнул в раже —
И о том, что безголов,
Не подозревает даже!

Запрокинув кадыки,
Под столом лежат сеньоры.
Выгнутые, как клыки,
Башмаки торчат и шпоры.

Павший встарь повержен вновь.
Каждый — как сражённый воин,
Но из ран не льётся кровь —
Пища лезет из пробоин.

Мрачен Бьёрн. Ублажены
Предки. Петухи пропели,
Осветился край стены,
Витражи заголубели.

Утро брезжит из окна —
И за предком тает предок,
Чашу полную вина
Опрокинув напоследок.

В склеп, незримые, бредут
И, тяжелые от хмеля,
Шишаки свои кладут
На гранитные постели.

КАРМЕН

Худощава Кармен; черны
Под глазами цыганки тени.
Косы — изделие Сатаны,
Кожу её долбили в геенне.

Некрасива, по мненью дам,
Для мужчин — само вожделенье.
Архиепископ Толедский сам
Служит ей мессу,
Став на колени.

О, какое сулит забытьё
Тот альков, где, струясь волною,
Кутают волосы тело её
Ниспадающие пеленою...

Бледнолица Кармен; лишь рот
Пламенеет, перца багровей:
Он из самого сердца берёт
Лучшую долю горячей крови.

Замарашка... Но перед ней
Власть надменных красавиц меркнет.
На того, кто льда холодней,
Бросит взгляд — и в огонь повергнет.

В глубине её влажных глаз
Соль кипящего моря скрыта,
Из которого поднялась
Обнажённая Афродита.

Поль Верлен
(1844–1896)

НАВАЖДЕНИЕ[43]

Пробегает мышь,
Чёрная на сером в час вечерний.
Пробегает мышь,
Серая на черни.

Колокол гудит.
На покой пора тюремной братии!
Колокол гудит.
Спите, бога ради.

Все печали прочь.
Вновь во сне к любимым прикоснитесь.
Все печали прочь —
Радости приснитесь!

Полная луна.
Храп клокочет у соседа в глотке.
Полная луна
Прямо на решётке.

Облака ползут —
Будто сажа в печке оседает.
Облака ползут.
Погляди, светает!

Пробегает мышь.
Розовая на дорожке синей.
Пробегает мышь,
Поднимайтесь, свиньи!

ОСЕННЯЯ ПЕСНЯ[44]

Вскрики
Осенней скрипки —
Ветра долгие стоны...
Душу берёт в тиски
Песня тоски
Монотонной.
Дробный
Зовущий, ровный
Звук наполняет уши...
Бой
Часов гробовой —
Слёз внезапных удушье.
С пеньем
Глухим, осенним,
Закружив до упада,
Обняла, словно смерть,
Круговерть
Листопада.

ИЗ ЧИЛИЙСКОЙ ПОЭЗИИ

Педро Прадо[45]
(1886–1952)

* * *

За словом слово я возвёл чертог.[46]
И боль мою, птенца без оперенья,
я выпустил в чертог стихотворенья,
чтобы щеглёнок позабыться мог.

И встрепенулся жалобный комок,
почуял крылья и обрёл паренье:
чудесное свершилось исцеленье
в гнезде, сплетённом из певучих строк.

Так боль — уже не боль, когда она
преобразилась магией словесной
и в стройную строфу заключена.

И как печаль себя венчает песней,
тернистый стебель рвётся в высоту,
Чтоб алой розой вспыхнуть на кусту.

* * *

Когда, покончив с повестью земною,⁴⁷
соединю разрозненные главы,
без мишуры быстротекущей славы
предстанет жизнь моя передо мною.

Смирится гордость, пышность оскудеет,
уймутся страсти, буйные вначале,
и безраздельно сердцем овладеет
свободное дыхание печали.

Огонь моей любви уже погас,
и от друзей далеких нет привета.
Моим стихам не пережить поэта:

подстерегает их забвенья час.
Тогда познаю вечность, обнажённый,
наедине с печалью сбережённой.

* * *

Какое надо мной висит заклятье,
что людям непонятен мой язык
и неизменно ставит их в тупик
открытое моё рукопожатье?

И никому не в силах подражать я:
ни мальчик, ни мужчина, ни старик
мне не сродни. И к мысли я привык,
что недоступна мне земная братья.

Ухмылочку, недоумённый взгляд
пошлют — и мимо норовят прокрасться.
Как мне настроиться на этот лад?

Да я и сам уж перестал стараться
Проникнуть в непонятный мне уклад
И примирился с ролью чужестранца.

СТАРУХИ НА ДОРОГАХ

Тени дорог, старухи!
Призрачные виденья!
Тощие псы за вами
тащатся вашей тенью.

Шею сгибает ворох:
хворост, сухие лозы,
тяжкие, словно хворость,
горькие, точно слёзы.

Саван дорожной пыли
виснет над головами,
и земля зазывает,
расступаясь пред вами.

Ветер рвёт из охапки
виноградные сучья, —
шерсть на собаках дыбом,
скалится челюсть сучья.

Лозы... Вино былое
Бродит в памяти глухо.
Семени́ по дороге —
досеменишь, старуха!

ПЕРЕЛЁТНЫЕ ПТИЦЫ

Это было на самом исходе пепельной
                    осени южной
в дальних затерянных архипелагах.

Сумрак быстро сгущался, и рыбаки
Поднимали дряхлый, залатанный парус.

Работали молча и споро, опережая
ночь, опускавшуюся на немые, недвижные воды.

Пурпурные облака пролетали
                    над самою мачтой,
и рыбами их отраженья метались
                    под килем баркаса.

Паруса раздувались, подобные крыльям
большой и уверенной птицы, парящей
                    в сумерках красных.

Я был среди них, рыбаков,
                    в суровой ватаге,
что бродит в ночи, охраняя покой океана.

И кто-то сумел разглядеть, как с юга
                    на горизонте
в лиловом тумане возникла крылатая стая.

Мы двигались к птицам, а птицы
                    летели навстречу;
они проносились над нами и с криком
вдали исчезали.

Волна за волной набегали
                    всё новые стаи, —
зима гнала их на север.

                    Бесчисленной вереницей они
                                    растянулись
        по небу, от края до края; текли,
                            как звучащая арка:
        их резкие крики сливались в единую песню.

                    А ночь между тем поглотила
                                    и небо, и море,
        и судно, и тех, кто на судне.

                    И птицы пропали во тьме,
        но по-прежнему слышалась песня.

                    Они продолжали полёт, не видя
                                    товарищей рядом,
        и думалось мне: так летят одинокие листья,
        гонимые ветром... И ночь их рассеет...

                    Но птиц перелётных сплотила во мраке
                                    их песня,
        И было всесилие ночи над ними не властно.

                    И бились, как песня, сердца рыбаков
                                    на баркасе
        единой тревогой, единой надеждой,
                                    единым дыханьем.

                    И сердце моё слилось
        с сердцами друзей молчаливых,
        и звук его потонул в согласном
                                    и трепетном хоре.

Гонсало Рохас[48]
(1917–2011)

СОЛНЦЕ — СЕМЯ ЖИЗНИ*

I

Бытие моё — реальность,
сон — реальность,
смерть — реальность.

Я — реальность.
Ты — реальность.
Но лишь солнце —
семя жизни.

II

Что есть ты? И что есть я?
Тело из заёмной плоти,
что отбрасывает тень.
Тело оставляет тень,
Чтоб о нём не забывали.

Вот мои отец и мать,
я теперь уже не помню их совсем —
Ни тел, ни душ.
Облик мой — не их лицо,
но, быть может, тень моя —
смесь родительских обличий?

---

* Опубликовано в сборнике «Поэты Чили»: Пер. с исп. / Москва: «Художественная литература», 1972.— 336 стр. (Б-ка латиноамериканской поэзии).

III

Ты творишь добро и зло.
Ты — причина разных следствий.
А твоя причина — ты?

Что дают тебе, то просят;
просят то же, что дают.
Взад, вперёд — и всё на месте.

Скудную уронишь тень —
вот и всё; ты только имя,
только надпись на стене.

Почиваешь. Ешь. Дерёшься.
Делаешь детей. Дряхлеешь.
Ото дня бредёшь ко дню.

IV

И судеб исход один:
падает за каплей капля
в океан небытия.
Думаешь ли ты, что воздух
Оттесняет море смерти?

Мы с тобою — два сука,
что однажды срезал кто — то
С многовекового древа.

Кто же древо посадил,
из которого мы вышли
и в которое вернёмся?

V

Пусть не знаю я тебя —
ты живёшь во мне, поскольку
ищешь то, что есть во мне.

Ты во мне себя находишь,
ибо для тебя пишу я, —
такова моя работа.

VI

Бытиё моё — реальность,
сон — реальность,
смерть — реальность.

Я — реальность.
Ты — реальность.
Но лишь солнце —
Семя жизни.

ЭТА НЕПОВТОРИМОСТЬ, ПО ИМЕНИ ХОРХЕ КАСЕРЕС...

Эта неповторимость, по имени Хорхе Касерес,
продолжалась в течение двадцати пяти лет;
это: два острых глаза, сосредоточенный взгляд,
две проворных ноги и отточенный ум;
и это так далеко унеслось,
что не стало видно лица.

Это могло быть вулканом, но это был
                                    Хорхе Касерес —
неугомонная мысль,
грация, скорость, огонь
и чистейший зверёк, пробегавший по жилам
в те недолгие дни, что стремились куда — то
и привели
в долину удушья.

Теперь он — в беге лучей,
а душа его — пчёлка,
жужжащая в уши младенцам:
— Зачем же плакать? Живите,
Вдыхайте ваш кислород.

ЧТО ЛЮБЯТ, КОГДА ЛЮБЯТ?

Что любят, когда любят, мой Боже:
страшный свет жизни или свет смерти?
Что ищут и что находят? Что такое любовь?
                                    Кто она?

Женщина —
впадина, розы, вулканы —
или горящее солнце, моя сумашедшая кровь,
когда я вхожу до корней...

Или же это большая игра Твоя, Боже, и нет
ни женщины, ни мужчины,
а есть единое тело, Твоё,
и всё — лишь его осколки,
огненные частицы
извечного бытия...

Я погибаю, о Боже,
от этой смертельной игры, от круговращенья,
                от мелькания лиц,
от невозможности обладать
тремя сотнями женщин разом —
ведь я обречён одной,
той, которую Ты даровал мне
в ветхом раю.

ВЕЧНОСТЬ

Не зная слов утешенья, плачет мой дух
                            смятенный,
свою проклиная участь —
быть дыханием чёрным,
мнущим белые розы,
быть провалом, где гибнет
улыбка любви, чьи губы —
женщина и мужчина.

Мне горько видеть влюблённых,
беспечных, жаждущих рая
в трясине вселенской ночи, —
видеть восторги тех,
кто, опомнившись, будут, как мертвецы,
                              одиноки.

«Любовники, не засыпайте,
пока наставшее утро
не охладит ваш пыл,
не засыпайте, покуда
в глаза вам не брызнет солнце.
Юность, не спи — за тобой
незримый следит соглядатай,
которому имя — Старость».

«Любовники, не засыпайте,
Кормите свою ненасытность,
раскаляйте жерло
жажды своей, покуда
смерч клубится в крови, —
а после обвеет вас
могилой моё дыханье».

«Я — кара ваша и язва,
судьба, трубящая в уши
нагую правду земли;
я — бестелесность, голос
тех, кто утратил тело».

«Не засыпайте до солнца,
любовники, — скоро вас
окатит волнами бездны».

Меня ощущают все,
в чью душу непостижимым
кошмаром вонзилось время;
чувствуют, но не видят:
лицо моё — маска ночи.

ПРИЛОЖЕНИЯ

ЗАПИСЬ ВЫСТУПЛЕНИЯ А.А. ЯКОБСОНА НА ПОЭТИЧЕСКОМ ВЕЧЕРЕ В ИЕРУСАЛИМЕ*

(1978 г., в значительном сокращении)

Анатолий Александрович читает свои переводы и кратко высказывается о поэтах и стихах (они опубликованы в этой книге):

Мигель ЭРНАНДЕС (1910–1942) — младший современник Федерико Гарсиа Лорки, Эрнандес был и принят, и понят, и оценён им, хотя олицетворял собой поэзию совершенно другого типа. Крестьянин и пастух необыкновенно быстро, самоучкой достиг вершин европейской образованности и, главное, органически и мощно впитал в себя традиции древней и чрезвычайно изощрённой испанской поэзии, став виртуозным мастером стиха, его самых сложных форм. Эрнандес был поэт большой внутренней напряжённости, поэт трагический, романтический. Главный стержень его лирики — это поэтическое, авторское «я» и мир, с которым это «я» находится в состоянии противоборства, противостояния.

Эрнандес прожил короткую жизнь. В 1936 году, в начале Гражданской войны, он попал как боец республиканской армии в плен к фалангистам, был приговорён к расстрелу, заменённому 30-ю годами заключения, но не только не отсидел своего срока, но и всего-то немногим больше 30-ти лет на свете прожил, умер от туберкулёза в тюрьме.

Читает стихи: «Проходят по тропинке сокровенной...», «Как бык, порождён я для боли, и жгучим...», «Смерть в бычьей шкуре движется слепая...», «Как муравьи в своей смиренной доле...», «Ты золотой лимон издалека...», «Я знаю посвист. Не восторгом чистым...», «В каком-нибудь селении высокий...», «Вот лилия, проснувшись на холме...», «Когда этот луч перестанет струиться, терзая...», «Пляшет холодный пепел...»

---

* Подборка переводов А. Якобсона, прочитанных им в июне 1978 г. Сопровождавшая их характеристика каждого поэта приводится здесь в выдержках. Все указанные переводы были опубликованы в сборнике «Якобсон А. А. Почва и Судьба», Вильнюс-Москва. Изд-во «Весть», 1992.

Федерико Гарсиа ЛОРКА (1899–1937). Лорка был блестящим знатоком испанской и мировой литературы, но возрос не на книжно-литературной почве, а на почве фольклора и мифологии. Первая книга Лорки «Канте хондо» (вышла в 1921 г.) во многом определила его творчество. «Канте хондо» — буквально «глубинное пение» — это андалусское сольное пение, особая музыкально-поэтическая культура, которая существовала и существует только в Андалузии, на юге Испании. Мелодия восходит, по крайней мере, к трём источникам: коренному первобытному мелосу Андалузии, древнеаравийскому мелосу с эпохи мавританского владычества на Пиренейском полуострове и к древне-индийским мелодическим корням. Есть точка зрения, что эту древне-индийскую песню занесли в Андалузию цыгане. Своеобразие жанра в том, что ни одна песня не повторяется дважды. Это бесконечные вариации небольшой группы музыкальных тем, как бы бесконечная импровизация. Устойчивые тексты — четырёхстрочные сигерийя и питенера и трёхстрочная солеа. Произведение заново творят два человека: исполняющий партию на гитаре и певец. Главные темы — любовь и смерть. Характер поэзии Лорки во многом определён природой канте хондо, а это — жанр синкретический, синтетический. И Лорка как художник тоже универсален. Он был поэтом, музыкантом, артистом, художником-живописцем и, может, более всего драматургом. Но жизнь его оборвалась рано. В 38 лет его зверски убили фалангисты в его родном городе Гранаде, хотя, в отличие от Эрнандеса, Лорка политикой не занимался. Вскоре после того, как режим стабилизировался, его убийство объявили трагическим недоразумением, и он был в славе.

Стихи: «Крик», «Ай!», «Песня всадника», «Глупая песня», «Вечер», «Незамужняя на мессе», «Солеа», «Нежданно».

Поль ВЕРЛЕН (1844–1896). Путешествуя по Европе со своим другом и злым гением Артюром Рембо, Верлен однажды в него не очень удачно стрелял, получил небольшой срок, сидел в тюрьме в Бельгии и написал там прекрасный цикл стихов. Время в тюремной камере фиксируется, как движение мышки. Мышка сперва пробегает вечером, и тогда она темнее фона. Ночью она серая, светлее фона. Потому что ночь чёрная. А утром мышь окрашена в цвета зари, в цвета рассвета. Верлен продемонстрировал и предвосхитил зрение своих современников, импрессионистов, хотя вообще — главная стихия Верлена, конечно, музыкальная, а не живописная. А потом — окрик тюремщика. Наваждение кончается, наступает пробуждение.

Стихи: «Наваждение», «Осенняя песня».

Теофиль ГОТЬЕ (1811–1872). Готье не был великим поэтом в смысле глубины миропостижения, но он был поэтом блистательным. Он один из тех, кто в истории нового времени, может быть, основательнее всех разработал концепцию чистого или автономного искусства. Смолоду Готье тяготел к изобразительным и пластическим искусствам, хотел быть и художником, и поэтом, но стал только поэтом. Стихи его не просто живописны, но удивительно пластичны...

Стихи: «Ужин доспехов», «Кармен».

Эстанислао дель КАМПО (1834–1880). Аргентинский поэт и писатель. Содержание оперы Гуно, поставленной в столичном театре в 1866 г. излагается словами человека из народа. Поэма за сто лет выдержала около ста пятидесяти изданий (*прим. М. Улановской*).

Стихи: «Фауст (фрагмент. Разговор двух гаучо об опере «Фауст»)».

Адам МИЦКЕВИЧ (1798–1855). Стихотворение А. Мицкевича «К русским друзьям» включено в неоконченную поэму «Дзяды». Написано в 1832 г., после польской революции, за год до которой, в 1829 г., Мицкевич оказался в эмиграции. Чтобы участвовать в войне, разумеется, на стороне поляков, он пытался перейти границу Российской империи, но безуспешно, и до конца жизни прожил на Западе.

Стихи: «К русским друзьям».

Франческо ПЕТРАРКА (1304–1374). Сонеты посвящены платонической возлюбленной Петрарки, умершей во время европейской чумы 1348 года, не дожив до сорока лет. В сонете на смерть Лауры появляется Хозяин, Сеньор, Бог. Петрарка просится туда. Говорит: «Я прошусь туда, к вам, на небо». А Господин ему отвечает: «Через 30 лет». И что самое удивительное — Петрарка, действительно, пережил Лауру на 30 лет.

Стихи: *На жизнь донны Лауры* — «И эта царственность, и скромность эта...», «Днём плачу я. Когда ж, забыв мирское...», «Какой вершится надо мной закон...»; *На смерть донны Лауры* — «О зависть звёзд! Кляну свою судьбину...», «В крылатом помысле на небесах...».

Список книг с переводами А.А.Якобсона*

Дзуццати (Дзудцов), Хаджи-Мурат. *Ветер времени: Стихи.* Пер. с осет. / Москва: Сов. писатель, 1960. 70 стр.

Платнер, Айзик. *Соль жизни: Стихи. [Сёстры]: [Поэма].* Пер. с евр. — Москва: Сов. писатель, 1961.

Заря над Кубой, пер. с испанского. Москва: Гослитиздат, 1962. 254 стр.

Солдаты свободы, пер. с испанского. Москва: Гослитиздат, 1963. 206 стр.

Перевод стихотворения «Фауст», любимый А. Гелескулом за его живость и красочность, не читался Якобсоном на вечере. Впервые напечатан в книге: *Поэзия гаучо:* пер. с испанского. Москва: Гослитиздат, 1964, (стр. 100–109). 237 стр. (Включён в книгу «Почва и судьба»).

Вальехо, Сезар. *Чёрные герольды*, пер. с испанского. Москва: Гослитиздат, 1966. 222 стр.

Ованес Туманян, Избранные произведения в 3-х томах. Том первый. *Стихотворения. Легенды и баллады. Поэмы.* Перевод с армянского. Ереван: издательство «Айастан», 1969. 385 стр.

Все переводы из Лорки, кроме неопубликованного «Незамужняя на мессе», напечатаны в кн.: Лорка Ф. Г.: *Лирика.* — Москва: Гослитиздат, 1969. 158 стр.

---

* Список книг, составленный в хронологическом порядке, дополнен всеми известными составителям изданиями, в которых переводы А. Якобсона были опубликованы впервые (*Прим. А. Зарецкого*)

Перевод стихотворения «Наваждение» опубликован в кн.: Верлен П.: *Лирика*. — Москва: Гослитиздат, 1969. 190 стр.; перевод «Осенней песни» — в журнале Иностранная литература, Москва, 1969, № 8, стр. 202.

Мигель Эрнандес. *Стихи*. — Москва, «Художественная литература», 1970. 175 стр.

Поэзия кубинского романтизма, пер. с испанского. Москва: Гослитиздат, 1971. 189 стр.

Поэты Чили, пер. с исп. Москва: Гослитиздат, 1972. 335 стр.

«Ужин доспехов» напечатан в кн.: Готье Т.: *Избранные произведения в 2-х т*. Москва: Гослитиздат, 1972, т. 1, стр. 130–133; стихотворение «Кармен» в переводе А. Якобсона впервые опубликовано в книге «Почва и судьба».

Тирсо де Молина. *Толедские виллы*. — М. Издательство «Художественная литература», стр. 319, 1972. Перевод с испанского Анатолия Якобсона (стихи).

Поэзия Африки. Библиотека Всемирной Литературы, том 131. Москва, Художественная литература, 1973. 687 стр.

Поэты Уругвая, пер. с исп. Москва: «Художественная литература», 1974. 287 стр.

Адам Мицкевич, перевод стихотворения «К русским друзьям» напечатан в журнале «Континент», Париж, 1984, стр. 381–383 с предисловием В. Фромера. Об истории создания перевода см. также в его воспоминаниях «Он между нами жил», помещённой на сайте http://www.antho.net/library/yacobson/about/vladimir-fromer.html

Франческо Петрарка, сонеты в переводе А. Якобсона впервые опубликованы в кн. «Почва и судьба», кроме одного, последнего в подборке, опубликованного до этого в газете «Русская мысль», Париж, 1988, № 3737.

Якобсон А. А. Почва и Судьба. Вильнюс-Москва. Издательство «Весть», 1992. 352 стр.

Анатолий Якобсон

О мастерстве перевода: два решения,* или ещё раз о 66-м сонете

Сравнительно просто обстоит дело, когда оригинальное произведение дает возможность переводчику найти то, что В. Я. Брюсов называл методом перевода.** «Метод перевода» — это выбор наиболее важного в переводимом произведении элемента из следующих возможных, по Брюсову, элементов стиха: стиль языка, образы, размер и рифма, движение стиха, игра слогов и звуков. Определяющие характер данного произведения элементы стиха должны быть воспроизведены с максимальной полнотой и точностью, а все остальное может быть преобразовано.

Но как быть с теми произведениями, где все элементы стиха настолько уравновешены, гармонизированы, что ни один из них не имеет сколько-нибудь самодовлеющего значения? А ведь именно таковы лучшие образцы мировой лирики. Что же тогда переводить? Собственно поэзию, то есть нечто предметно невыделимое, логически неопределимое; нечто равномерно растворённое во всех элементах стиха (в каждом звуке и слове, в каждом сочленении звуков и слов), но ни в одном из этих элементов не выступающее наружу. Это наиболее сложная задача для переводчика, и никакая общая методология перевода не поможет ему. Когда требуется пересоздать поэзию как таковую, все установки, связанные с поэтикой оригинала, представляют собой лишь техническую и второстепенную сторону дела. А главное здесь — приобщиться тому строю чувств, которым продиктовано оригинальное произведение. Но тут-то каждый мастер и проявляет свою индивидуальность.

---

* *Мастерство перевода*. 1966. — М., «Советский писатель», 1968.
** В. Я. Брюсов. *Избранные сочинения в 2-х томах*, т. II. — М., Гослитиздат, 1955, стр. 188–189.

В подтверждение сказанного я сравню два перевода 66-го сонета Шекспира: переводы С. Я. Маршака и Б. Л. Пастернака.*

Вот перевод С. Я. Маршака:

*Зову я смерть. Мне видеть невтерпёж
Достоинство, что просит подаянья,
Над простотой глумящуюся ложь,
Ничтожество в роскошном одеяньи,*

*И совершенству ложный приговор,
И девственность, поруганную грубо,
И неуместной почести позор,
И мощь в плену у немощи беззубой,
И прямоту, что глупостью слывёт,
И глупость в маске мудреца, пророка,
И вдохновения зажатый рот,
И праведность на службе у порока.*

*Всё мерзостно, что вижу я вокруг...
Но как тебя покинуть, милый друг!*

Первое четверостишие целиком определяет интонационный и лексический характер всего стихотворения: высокий стиль, торжественные слова, величавая приподнятость речи.

---

* Английский текст:

1. Tired with all these, for restful death I cry,
2. As, to behold desert a beggar born,
3. And needy nothing trimm'd in jollity,
4. And purest faith unhappily forsworn,
5. And gilded honour shamefully misplaced,
6. And maiden virtue rudely strumpeted,
7. And right perfection wrongfully disgraced,
8. And strength by limting sway disab(e)led,
9. And art made tongue-tied by authority,
10. And folly (doctor-like) controlling skill,
11. And simple truth miscall'd simplicity,
12. And captive good attending captain ill.
13. Tired with all these, from these would I be gone,
14. Save that, to die, I leave my love alone.

В этом ключе — весь перевод. Откуда взят такой именно ключ перевода? Он выведен из определённым образом понятой позиции автора. Это позиция трибуна, апостола добродетели, гневно обличающего общественные пороки. Пафос обличения — нерв сонета. Притом обличение осуществляется не то чтобы со стороны, но как бы сверху, с той нравственной высоты, на которой стоит поэт: сам он вне тех явлений, которые фиксирует стихом и которым выносит приговор, и явления эти — соответственно — вне его. Образы стихотворения отнюдь не лишены эмоционального содержания — здесь всё пронизано благородным негодованием, — но им не хватает непосредственности чувства. Образы вызывают эмоциональный отклик не вдруг, а пройдя через фильтр рассудка. Надо хоть немножечко задуматься над таким, например, выражением: «и неуместной почести позор» (строка, кстати сказать, великолепная по ёмкости и точности своей, одна из лучших в стихотворении). Поэт мыслит исключительно абстрактными категориями, универсалиями, сохраняя здесь полнейшее стилистическое единство: достоинство, ничтожество, совершенство, девственность и т.д. Замечу пока, что у Шекспира дело обстоит не совсем так. Вторая строка оригинала дословно переводится следующим образом: «...поскольку вижу достойного, рожденного нищим». Здесь «desert» — не достоинство как общее понятие, близкое к понятиям чести, благородства, а некая персонификация: достойный человек, то есть хороший, правильный человек. Отклонение перевода от подлинника здесь на первый взгляд вовсе не существенное и вполне оправданное, но оно характерно для данной Маршаком интерпретации 66-го сонета: тон взят более возвышенный, чем у Шекспира; а, впрочем, строка звучит отменно...

Вообще художественная убедительность стихотворения держится на превосходной чеканке слова, поднимающей отдельные строки на уровень афоризмов; это обстоятельство особенно оттеняется переводом О. Румера и некоторыми другими переводами 66-го сонета, стремящимися к тому же самому истолкованию оригинала, которое даёт перевод Маршака, но несравненно уступающими последнему в совершенстве исполнения.

66-й сонет в переводе Маршака воспринимается как гневная филиппика, брошенная в глаза обществу, как великолепно вылепленная риторическая тирада.

Теперь рассмотрим перевод Б. Л. Пастернака.

Измучась всем, я умереть хочу.
Тоска смотреть, как мается бедняк,
И как шутя живётся богачу,
И доверять, и попадать впросак,

И наблюдать, как наглость лезет в свет,
И честь девичья катится ко дну,
И знать, что ходу совершенствам нет,
И видеть мощь у немощи в плену,

И вспоминать, что мысли заткнут рот,
И разум сносит глупости хулу,
И прямодушье простотой слывёт,
И доброта прислуживает злу.
Измучась всем, не стал бы жить и дня,
Да другу трудно будет без меня.

Первые же слова — безыскусственно-простые, разговорные до приземлённости — создают естественную интонацию, лишённую какой бы то ни было литературности, но полную подлинного чувства. Это иной ключ перевода, иная человеческая позиция поэта. Здесь звучит не громкий пафос обличения, а тихо произносимая жалоба до смерти уставшего, измученного жизнью человека. Он не возмущается, не негодует, — ему «тоска смотреть» на всё, что вокруг. Именно таким настроением и проникнут 66-й сонет Шекспира, первая строка которого в подстрочнике значит: «уставший от всего (или: измученный всем), я мечтаю об умиротворяющей (буквально: успокаивающей) смерти».

Это не грозный памфлет, а лирическая исповедь, и в такой тональности Пастернак переводит весь сонет. Вместо формулы Маршака:

> *Над простотой глумящуюся ложь —*

появляется:

> *И доверять, и попадать впросак.*

Строка несёт поразительную достоверность переживания; это — самовыражение, лирика в точном смысле слова.

Те явления, которые в первом переводе подаются извне, здесь просвечиваются изнутри, ибо они — внутреннее достояние, боль поэта. При этом знаменательно, что сила обобщения не утрачивается, а возрастает, объективность мысли не проигрывает, а выигрывает от субъективности чувства. Постараюсь доказать это.

У Маршака:

> *И девственность, поруганная грубо, —*

то есть совершено насилие. У Пастернака:

> *И честь девичья катится ко дну.*

Сама катится, как бы не сознавая этого... Добыт более глубокий и трагический смысл явления: ощущается стихийная неотвратимость падения общественных нравов. То же и в подлиннике, где про девичью честь сказано, что она «strumpeted»; от старинного слова «strumpet» (проститутка) Шекспир образовал глагольную форму, причастие. В том же духе у Пастернака и дальше:

> *И разум сносит глупости хулу,*
> ....
> *И доброта прислуживает злу.*

Трагедия не только в перевесе зла над добром, но и в примирённости добра со своим бессилием.

У Маршака:

И вдохновения зажатый рот...

Казалось бы, слово «вдохновение» очень близко к оригинальному «art»; но вдохновение не является достоянием общества, оно — не выражение, а состояние индивидуального духа, неуловимая вещь в себе. Зажать вдохновению рот — значит не дать ему проявиться в творчестве; это само по себе возможно, но здесь — очевидное сужение оригинального образа.

У Пастернака:

И вспоминать, что мысли заткнут рот...

Слово «мысль» в определённом значении (и в данном контексте) не сводится к одному только рациональному началу, приближается к понятию духовного творчества вообще; так же можно воспринимать и слово «art», которое имеет в английском языке более широкий смысл, чем слово «искусство» в русском. В этом значении мысль, как и art, является общественной функцией, подавление которой есть социальное зло.

Повторяю, гражданское звучание сонета не ослаблено, а усилено, углублено, хотя оно не самоцель, как в первом переводе, а нечто производное от сугубо личного чувства.

Теперь сравним последние двустишия обоих переводов. Роль последних строк велика в любом стихотворении, а в английском сонете она колоссальна; венчающее двустишие — итог, эмоционально-смысловой концентрат произведения.

У Маршака:

Всё мерзостно, что вижу я вокруг...
Но как тебя покинуть, милый друг!

Эти строки не сильней, а слабей прочих. Переживание направлено не столько на друга, сколько на самого автора. Вопросительно-восклицательный оборот (его нет у Шекспира) придает кокетливость и легковесность последней строке. Сочетание слов «милый друг» в русском языке с некоторых пор приобрело игривый или иронический оттенок. Случайна ли неудача? Думается, что нет. Инерция всего перевода не позволила перенести на интимно-лирическую интонацию центр тяжести, заключённый в пафосе обличения. Даже здесь, в последнем двустишии, продолжается обличение: «Всё мерзостно». В подлиннике этого нет. Шекспир, в нарушение формальных правил сонета, предпоследней строкой почти повторяет первую строку стихотворения, что имеет громадный смысл и с чем в данном случае не пожелал считаться переводчик.

Пастернак воспроизвёл эту особенность 66-го сонета неукоснительно:

> *Измучась всем, не стал бы жить и дня,*
> *Да другу трудно будет без меня.*

Это — пронзительное двустишие, поэтическое могущество которого не нуждается ни в каких комментариях. Окончен сонет, и открывается безграничное свободное пространство, в которое мы вступаем по следам Шекспира.

Из дневников[49]

ТЕТРАДЬ 1 (23–30 ИЮЛЯ 1974)

Чтобы я стал русским писателем, судьбе потребовалось швырнуть меня в Израиль...

25.7 [Словарик для общения с рабочими на мельнице, где А. Я. работал, выйдя из больницы]

арабский
спасибо — шукран
пожалуйста — лютфан
привет (шалом) — маасалям
хорошо — тейб
плохо — сейён
маспик [довольно] — халяс
чайник — брик
мешок — кис
аафуан — извините

Заповедь оле:
Ульпан —
Или пропал

Затруднение
Монит [такси]
Ширут [маршрутное такси] — не берут

У Кнессета
Миштара [полиция] — как мошкара.

Иерусаримляне
...
Может быть, когда-нибудь напишу о переводах Толи [Гелескула]? Трудно. Вряд ли. Не как о переводах, а как о стихах просто. Книга переводов моих посвящается Гелескулу.

Например, так: Лорка, Верлен, Лесьмян.*

[...]

Не русский язык — моя часть, а я — часть русского языка.

Беседа

В широуте (маршрутное такси) Тель-Авив — Иерусалим я почувствовал, что сосед, кадровый офицер израильской армии с изувеченной головой, пристально смотрит на меня сбоку. Я повернулся к нему лицом и уставился в глаза. Он опустил глаза и сказал мне на языке Библии: «Я гляжу на тебя (на иврите нет обращения «вы»), гляжу и вижу: ты здесь и не здесь» (коренные израильтяне-сабры выражаются лаконичнее древних спартанцев). И я ответил ему на языке Библии: «Это делает честь твоей проницательности. Дам шели бе-Исраэль... (т.е., кровь моя — в Израиле. Сердце моё — в России и в Израиле. Но душа моя — только в России). Он склонил голову и приложил правую руку к сердцу, что здесь, на Востоке, — знак глубочайшего уважения...

—————

Мой жанр в поэзии (да и в прозе тоже): предельно сжатая речь, стремящаяся к формулам, к афоризмам. Увы, не лирик.

—————

Наконец-то речь моя стала точна. Стряхнул с себя всё лишнее. И лишние слова...

—————

Ахматова рассказывала мне. Исаич пришёл и прочёл свои стихи (она мне: «вирши»). Она: «Не кажется ли вам, что в поэзии должна быть какая-то тайна?» Он: «А не кажется ли вам, что в вашей поэзии чересчур много тайны?» Он ей: «Неужели вы любите Некрасова?» Она что-то вроде: «Вы, конечно, должны думать, что я не люблю Некрасова; это потому, что

---

* Б. Лесьмян (1877–1937) — крупнейший польский поэт.

вы, видимо, не очень читали Пушкина, Некрасова и меня». Она была в него влюблена за «Один день». Очарована его обликом. И любила до конца своего. Разговор о славе земной, о её бремени. Он: «Выдержу».

ТЕТРАДЬ 3 (14 АВГУСТА — 5 СЕНТЯБРЯ 1974)

[На обложке]: Сорок лет. Жизнь пошла за второй перевал… Д. С. [*Давид Самойлов*]

Мандельштам про своего антипода Маяковского: первозданный поэт. Так-то. Мандельштам разбирался в литературе, в поэзии лучше мандельштамистов.

Мандельштам боготворил Пастернака. А Пастернак его при жизни (Мандельштама) в упор не видел. Вот смеху-то.

Мария Петровых не оценила Мандельштама как поэта только потому, что он за ней так энергично ухаживал, а она его — как мужчину — не воспринимала. Был у неё роман с Пастернаком в Чистополе. А потом насмерть полюбила Фадеева.

Пастернак сделал Ахматовой (видно, в конце 30-х годов) формальное предложение. Она рассмеялась.

Раньше я смерти боялся, как большинство людей. Теперь не боюсь абсолютно.

19.8.
Так наз. литературоведы литературы не ведают, как лингвисты не ведают языка, ибо литературоведенье — не что иное,

как побочный (и довольно дешёвый) продукт литературы; а хорошая критика — часть литературы (когда же литературоведы суверенны — независимы от литературы — получаются, в лучшем случае, лотманы).

Для Бахтина литературоведение только методика, а цель и смысл — миросозерцание.

Израиль — прекрасная чужбина.

Лев [Толстой] сверхъестественно гениален. Беспредельно умён («до глупости»). Интеллект — камнедробилка. Но главное: темперамент. Отсюда все крайности, нелепости и пр. (Темперамент Достоевского тоже страшен, конечно, но другое, совсем другое: бесплотный темперамент). Темперамент Толстого — кровь, страсть. Старик написал «Хаджи-Мурата».

Самойлов, Петровых, Тарковский
Гелескул.

---

1). Если — не приведи Господь — будет б о л ь ш а я война, я сильнее тревожусь о России, чем об Израиле. Ничего худшего с Израилем не будет. Горсточка мужчин и женщин перебьют стократ больше врагов, сами погибнут все до единого, но детей своих замучить не дадут. Один Бог знает, какие жертвы понесёт русский народ, какие испытания ждут Россию (глядите на Восток). Может, войны не будет. Если будет — рассчитываю на доблесть и стойкость русского солдата.

2). Беседа.

3). Я, быть может, научусь любить Израиль, как жизнь, ибо у меня есть родина, ибо я знаю, ч т о   т а к о е родина, ибо Россию я люблю несравненно сильнее жизни.

4). Дорожите породой, гордитесь кастой. Если бы вы только могли вообразить, насколько мы выше Запада!

Лишние слова.

5.9.74
Если бы Фёдор Толстой-Американец застрелил на дуэли Пушкина, самоё имя Толстой навеки было бы связано с этим убийством. Хвала небесам, Фёдор Толстой был не американец, а русский дворянин (хотя и шулер).
«Русские используют экстремистские арабские режимы точно так, как в своё время нацисты использовали Испанию в 30-е годы, чтобы испытать свои новые виды вооружения и, что ещё более важно, испытать решимость демократии!» (Джеральд Форд)

Содержание — воображение, впечатление.
Форма — изображение, запечатление.
Первое — дух, второе — плоть.

Лорка о физическом и духовном: «Кроме уюта, подарка фей, нужны два ритма: физический ритм колыбели или кресла и духовный ритм мелодии. Эти два ритма — один для тела, другой для слуха — мать сочетает, размеряет, переплетает, пока не получит верного тона, который завораживает ребёнка» («Колыбельные песни»).
Вот оно, гармоническое: «Ребёнок спасается в сон» (там же).
Всё современное искусство сплошь метафорично. Метафора стремится к метаморфозе, подражает ей, будучи иносказанием, а та была прямосказание...
Религии плохи уже тем, что они идеологии (пусть не только) и потому разделяют людей. «Человечество живо единой* круговою порукой добра». Насколько оно ещё живо? Подлинно ли порука? Такая ли уж круговая? Каким — моралистическим

---

* Надо: «одною». Двустишие процитировано М. Цветаевой в статье «При свете совести» как взятое из стихотворения безвестной монахини.

или пластическим путём должна распространиться энергия добра? А есть ли вообще в моралистике живая энергия?

О неизречённых милостях, щедротах Всевышнего толковалось предостаточно. Однако щедрый даёт не за что-то, а потому-то — потому именно, что он щедрый. А милость Вседержителя такова: спасу твою душу, если вручишь её мне; и за то, что вручишь. Баш на баш. Дам — если дашь. А нет — так шабаш.

Особая положительная роль церкви и религии в сопротивлении тоталитарным режимам. Религия — оплот духовной независимости народа от идеологии властей (Польша). Религия — оплот духовной независимости и надежды на освобождение, степень национального бытия (Литва).
Вообще гуманитарная роль церкви в мире.
Всё это никак не противоречит критике вероучений — с позиции разума.
Бывает плохая, а бывает хорошая политика. Мы вольны обнаруживать изъяны политики как таковой, хотя без неё нет человеческого общежития. Без религии тоже. И это, конечно, коренится в природе людей и их общества. Но кто сказал, что эти материи (человек и человечество) не должны быть предметом свободного рассмотрения, если даже они — в основе своей — неизменны, так что из анализа шубы не сошьёшь. Не больше ли пользы в бескорыстном размышлении о вещах, чем во всех утилитарно-идеологических предвзятостях? Польза хотя бы та, что не выйдет вреда. Парадокс прагматического рассудка в том, что априорные посылки при надлежащем развитии заводят его в бессмыслицу догмы. Мировоззренческий прагматизм оборачивается догматизмом.

Современный поэтический канон символизирует метафора. В современной поэзии метафора есть сверхприём, суперпризнак литературности, её общая форма.
«Словечка в простоте не скажут, всё с ужимкой». Учиться говорить без ужимок. Пастернак и Мандельштам — вершины метафорического письма — и его преодоление. Ахматова — сплошное преодоление. Бродский — его декаданс. Поначе-

лу в ярко талантливом проявлении; чем дальше, тем больше в виде собственного упадка.

По следам Бродского идут снобы новой формации, гурманы, эстеты, словом, «интеллектуалы». Берут от мэтра сплошной вседозволяющий метафоризм, модный ложноклассический реквизит...

Поэт — это тот, кто считает, что дерево или собака (по Гумилёву) прекраснее любого произведения, которое посвящено им.

Стандартный критик (по Чернышевскому) — это тот, кто в том же духе рассуждает на ту же тему.

Идеальный читатель — тот, кто не смешивает эти вещи.

19.12.77
Предлагаю неологизм: обученство, обученец.

ТЕТРАДЬ 5 (27 ДЕКАБРЯ 1977 — 16 АВГУСТА 1978)

[На обороте обложки запись: «Цветаева о самоубийстве. 16 авг. 1978. Евграф Живаго» — повторено в последней записи дневника от этого же числа].

27.12.77
Вчера передал стихотворение Мицкевича Фромеру. Жду подстрочника.*

17-го кончил «К русским друзьям» и дал Фромеру. Когда-то и что-то из его намерений выйдет.

---

* А. Я. перевёл стихотворение А. Мицкевича «К русским друзьям» с помощью подстрочника, сделанного В. Фромером. Об истории создания стихотворения и о переводе его А. Я. см. публикацию В. Фромера в журн. «Континент», Париж, 1984, № 41, стр. 381–383, вошло в последний вариант воспоминаний Фромера.

Люди, естественно себя ведущие, выступают в довольно редкой роли — в роли самого себя.

———

В отношении всякого мастерства человек своего верха знать не должен и, в конечном счете, не может. Но должен знать свой низ: уровень, ниже которого не должно опускаться его ремесло, т.е. не может опуститься он сам, не роняя себя.

———

Анатолий Якобсон. Родился в 1935 г. в Москве. Филолог и литератор. Известен как участник правозащитного движения в России с начала 1966 года. С 1973 г. — в Израиле. Работает в Иерусалимском ун-те.

———

Полетела пчёлка в поле
Собирать цветочный дух.
Цветик взвыл от острой боли,
Покачнулся и набух.

———

13. 6. 78
В президиумах не сиделец, в редколлегиях не торчалец.

———

Расхамсинилось (распогодилось)

9. 8. 78
Боль, страдание (страсть) из низкого, телесного возведена христианством в степень высшей духовности, облагорожена, очищена — как боль души. Христианский дуализм плоти и души. Распятие Христа продолжается в течение всей истории в душе каждого истинного христианина...

Два письма в Москву

1. ЧЕРНОВИК [НЕОТПРАВЛЕННОГО?] ПИСЬМА А. ЯКОБСОНА ЮЛИЮ ДАНИЭЛЮ (КОНЕЦ МАЯ 1974)

Юлька,

Не писал тебе до сих пор, потому что не мог бы написать ни о чём другом, кроме как о своём состоянии, а об этом писать не хотелось. Когда человек испытывает сильнейшую зубную, скажем, боль, он не ведает иных впечатлений, кроме этой боли. А стерпима эта боль постольку, поскольку знаешь, что настанет момент и она пройдёт, допустим, врач вырвет зуб. Приговорённый к бессрочной, острой и, главное, непрерывной зубной боли должен в конце концов удавиться. Это аналогия. Аналогий много. Не мне говорить тебе, чем жив заключённый — ожиданием конца срока. Пожизненное заключение далеко не всякий предпочтёт смерти.

Сейчас я хочу именно описать тебе своё состояние, имея при этом определённую цель. Уезжая, я чуял, что совершаю почти самоубийство. Оказалось, что без всяких *почти*.

Известно, что люди выносят любое горе. Но не всегда, не все люди. Есть такие, которые не выдерживают смерти близких, разрыва с любимыми, крушения своих идей, оскорбления и т.д. Изгнание у разных народов и в разные времена было высшей карой, родом казни. Я убеждён, что были люди, которые от этого умирали, как умирали от любви. То, что я пошёл на это добровольно, из-за каких-то соображений (ты знаешь их), говорит только о том, что я не знал себя. Можно жить, не имея особой охоты к жизни. Такое случалось со мной периодами не раз. Но я представления не имел, что такое лютая, свирепая воля к смерти, когда отчаянно хочется подохнуть, и не вообще хочется, не по временам, а в каждую данную секунду. Все вокруг хором: возьми себя в руки! Но я только и делаю, что с утра до ночи беру себя в руки, чтобы не наложить на себя

Анатолий Якобсон и Юлий Даниэль. Москва, август 1973

руки. Юлька, ты должен понять это. Вспомни наши калужские собеседования. Люди меняются ролями. Тогда мой резон, что мы обязаны жить, если не для чего-то, то по крайней мере для кого-то, не казался тебе достаточно убедительным.

Пока я вырвался из сумасшедшего дома, где меня продержали (с перерывами) три месяца, вырвался, начав работать (ты, наверное, слышал — грузчиком на мельнице). Не знаю, навсегда ли и надолго ли вырвался, но знаю наверняка, что никакие врачи и никакие лекарства не помогли и не помогут мне.

«Тоска по родине — давно разоблачённая морока». Я написал Юрке Левину,* что мне по ночам снятся брёвна дома в Опалихе[50]. Он в ответ сострил: надеюсь, дескать, что ты всё-таки не по брёвнам, а по людям тоскуешь. А люди сейчас бурно перемещаются в пространстве. Да, конечно, по людям, но потерю

---

* Юрий Иосифович Левин — друг А. Якобсона, математик, занимался семиотикой и структурной лингвистикой литературного текста.

людской — моей — среды я ощущал одновременно с утратой среды в самом широком биологическом смысле слова. Не дай Бог ему, Юрке, узнать, что это такое, когда хлеб — не хлеб, вода — не вода, земля — не земля, воздух — не воздух. Израиль, собственно, здесь ни при чём, так было бы в любой загранице, попади я туда без надежды на возвращение. Скорее всего, он и не ощутил бы этого на моём месте, на то и говорится: каждый молодец на своей образец. Ностальгия — дело естественное и болезнь многих, но каждый организм болеет по-своему, а бывают, видимо, исключительные, ненормальные, неизлечимые случаи. Что делать, если я именно такая сверхпатологическая особь! Само время должно лечить, постепенно утишая боль, а у меня всё наоборот: чем дальше, тем убийственнее сознание, что сие *навсегда*, тем обширнее паралич душевных и всех прочих сил. Юлька, я и физически, и даже физиологически резко деградировал, а в дальнейшем обречён на идиотизм и вырождение. Пока, правда, вырвался... [...]

2. ПИСЬМО МАЙИ УЛАНОВСКОЙ К ЮНЕ ВЕРТМАН

10. 10. 78.

Дорогая Юночка![51]
Мне совсем не хочется писать письма, но приехавший на днях человек рассказывает, что у вас* ходят всякие слухи о причинах гибели Толи, и мне, вероятно, следует их опровергнуть.
Я понимаю, как соблазнительно объяснять случившееся психологическими или объективными причинами, и у нас тоже делаются такие попытки. Но все они напрасны. Толя погиб от болезни и от того, что мы, его ближайшее окружение, не поняли опасности его положения. Ты помнишь, что в каждом письме я писала о его состоянии. И только в первые месяцы его болезни, в 73–74 году, когда пришлось положить его в больницу, казалось, что он способен на этот шаг. После этого в течение всех этих лет циклы болезни проходили смягчённо, и было похоже, что она постепенно пройдёт, вернее, будет проявляться как смена настроений. Был у него врач, который лечил его с самого начала и вывел из тяжёлого состояния.** Врач молодой, но добросовестный. Когда пропала нужда в госпитализации, Толя продолжал с ним встречаться в частном порядке. Наконец, Толю это стало раздражать: стоит ли пользоваться его услугами? Стоит ли беседовать целый час о литературе, чтобы в результате тот ему говорил, сколько таблеток лития он должен принимать? Да ещё платить за это деньги! (Кстати, чтобы этот момент не вызвал особенного внимания: деньги небольшие, вполне ему по карману). К тому же и врач относился к этому моменту не просто: жался, мялся, прежде чем сказать, что пора, в связи с инфляцией, и ему надбавить. В какой-то момент Толя, чувствуя себя хорошо, отказался от услуг врача, а когда снова стало хуже, живущая

---

* В Москве.
** Врач-психиатр Яков Шульц.

поблизости от нас врач предложила ему свои услуги: просто так, по-дружески. Нас всех возмутило, что, когда два месяца назад у Толи началась его последняя депрессия, она предложила отправить его в больницу. Как же можно подвергнуть человека такому страданию, когда никакой опасности для него совершенно очевидно нет! Он же совсем не в том состоянии, как был когда-то! Стали поступать предложения — найти ему другого врача. Например, в «Хадассе»* есть хорошие психиатры. Да, первое, что сделала эта врачиха — отменила литий, который Толя принимал уже несколько лет. Она ему объяснила, что это — сильнодействующее лекарство, которое может разрушить его организм. Я была очень рада, потому что перед моими глазами — пример моей приятельницы, на которую постоянные дозы лития оказывают именно такое разрушающее действие[52]. Депрессия усиливалась, но, наконец, удалось подобрать для него новый сильный антидепрессант. Тяжелое состояние это лекарство снимало — так уверяли Толя и Лена. Правда, он почему-то не мог заниматься никакой умственной работой. Не только писать, но и читать. Безделье его терзало.

Нам казалось, что все его помыслы нам известны — о своих страданиях он говорил постоянно, я едва сдерживалась, чтобы не попросить его пожалеть меня, не мучить. Невероятно, что ему удалось скрыть от нас свой замысел. Он говорил неоднократно, что, хотя жить ему не хочется, но он понимает, что этого делать нельзя. В противоположность первой депрессии, когда он говорил, что ему так тяжко, что он не в состоянии думать даже о матери.

Можно вспомнить о его выступлении в университете на семинаре с докладом, посвященным в значительной степени смерти Маяковского (нет у меня сейчас сил подробно касаться этого прекрасного доклада)[53], о его интересе к этой теме, а также подробности самоубийства Рекубратского[54] и то, что он узнал недавно о том, что у нас, как в каждом доме, есть подвальное помещение для целей убежища.

Приехавший из Москвы человек рассказал: ходят слухи, что Толю сгубила его несовместимость с Израилем. Это не так. Правда, первая его депрессия носила резко выраженную

---

* Крупная больница в Иерусалиме.

Майя Улановская. 1978 г.

ностальгическую окраску, но позже он очень полюбил эту страну. Несовместим он был не со страной, а с жизнью. Болезнь как бы отгородила его от окружающего. Хотя, как всегда, у него было много друзей — одинок он не был никогда. Да что уж говорить, если ни молодая жена, ни сын не смогли его привязать к жизни! Поверь мне, если я скажу, что в житейском, человеческом смысле он был вполне счастлив. Хотя были и тяжёлые моменты. Он боялся, что его уволят из университета, что он будет бременем для жены. Всё это так, но не в этом дело.

Ты знаешь, наверное, ужасные подробности этого проклятого дня, 28 сентября. Утром он проснулся, как все последние дни, в хорошем настроении. Каждый день мучение начиналось тогда, когда он садился за стол, пытался писать, и у него ничего не получалось. Лена ушла и сказала, что придёт в 4. Часов в 10 он позвонил приятелю [Володе Фромеру], сказал: «Чувствую, что на этот раз я не выберусь», и повесил трубку. Тот тут же приехал. Провёл с ним час, говорил, успокаивал. Сыграли в шахматы. Толя блестяще выиграл. Наконец, сказал: «Тебе пора на работу, а я устал. Иди». И тот ушёл. Через 15 минут после ухода приятеля позвонила домой Лена. Телефон не отвечал. Она приехала. Его не было дома. Дверь не заперта. Думая, что он у соседей, прошла по этажам, прошла мимо «миклата» (убежища). Вернулась, ждёт. Заметила, что нет собачьего поводка. Стала обзванивать друзей. К вечеру заявили в полицию. Я её уверяла, что ничего он над собой не сделает. В худшем состоянии бывал и не решился. Но куда же он мог уйти — один, без денег и сигарет? Он на улицу один без неё в последние дни не выходил. Лена говорит, что завтра она пойдёт с друзьями его искать в горы, куда они часто ходили гулять. Похоже было, что произошёл несчастный случай. Но зачем он взял поводок? Поздно ночью мы с ней снова анализируем ситуацию. Я говорю: «Если он решил что-то над собой сделать, зачем ему идти в горы? Есть чердак, есть миклат». Вдруг она говорит: «Чердак заперт, а миклат я заглядывала, там темно». Я с ней попрощалась, зашла домой за спичками и спустилась в миклат. Зажгла спичку и увидела его.

Столько лет вместе прожито, а я вот уже который день ничего другого не могу о нём вспомнить, кроме этого мгновения,

Юна Вертман

как я увидела его там. Хотя лицо его было совершенно спокойно — он умер не от удушья. И не мучился ни секунды. Тоже, вероятно, обдумал, как ловчее сделать.

Впрочем, мои чувства описывать сейчас — неуместно. Хотя так устроен человек, что не забывает и в такую минуту о себе. И вот я думаю о себе, что довелось мне в конце концов вынимать его из петли. Дальше — напрасные попытки его оживить. Он с утра это сделал, как только его друг ушёл, после обычного разговора и игры в шахматы.

Похоронили мы его на Масличной горе. Такое это место прекрасное, но никто оценить этого не может. Народу была масса, хотя из-за приближающейся субботы пришлось поторопиться. «Хевра кадиша» — учреждение, которое этим занимается, не рассматривает случившееся как самоубийство,* поэтому всё было честь честью, по обряду. Санька прочёл кадиш.** Его отпустили из армии по такому случаю. Потом мы вернулись домой и устроили нечто среднее между еврей-

---

* В связи с тем, что Толя был душевно нездоров.
** Еврейская поминальная молитва.

ской шивой* и русскими поминками, 27-го будут «шлошим»,** хотят послушать плёнки с его голосом. Лена уехала в Хайфу к брату. Томика мы заберём. Удивительно, что собаки ничего не чувствовали целый этот день.

Вот и всё, дорогая, целую тебя. Ничего утешительного сказать не могу. Нечем тут утешаться. Разве только тем, что не сделай он этого теперь, сделал бы, наверное, позже. Он очень изменился в последние годы. Болезнь меняла его к худшему. Личность шла на снижение, хотя он и был способен писать иногда замечательные вещи. Как видно, он это чувствовал и прекратил всё разом последним усилием воли. Потому что это был акт больного человека, но и волевой вместе с тем.

Прости, если письмо моё местами покажется тебе неудачным или бестактным. Мне трудно. Я ведь даже плакать не умею.

Целую

М.

---

* «Шив'а» (семь — *иврит*) у евреев — первые семь дней, считая со дня похорон.

** Евреи отмечают тридцать дней со дня похорон; у христиан аналогом «шлошим» (тридцать — *иврит*) являются сороковины.

Давид Самойлов

ПРОЩАНИЕ[55]

Памяти Анатолия Якобсона

Убившему себя рукой
Своею собственной, тоской
Своею собственной — покой
И мир навеки!
Однажды он ушёл от нас,
Тогда и свет его погас.
Но навсегда на этот раз
Сомкнулись веки.

Не веря в праведность судьи,
Он предпочёл без похвальбы
Жестокость собственной судьбы,
Свою усталость.
Он думал, что свое унёс,
Ведь не остался даже пёс.
Но здесь не дым от папирос —
Душа осталась.

Не зря верёвочка вилась
В его руках, не зря плелась.
Ведь знала, что придёт ей час
В петлю завиться.
Незнамо где — в жаре, в песке,
В святой земле, в глухой тоске,
Она повисла на крюке
Самоубийцы.

А память вьёт иной шнурок,
Шнурок, который как зарок —
Вернуться в мир или в мирок
Тот, бесшабашный, —

К опалихинским галдежам,
Чтобы он снова в дом вбежал,
Внося с собой мороз и жар,
И дым табачный.

Своей нечёсаной башкой
В шапчонке чисто бунтовской
Он вламывался со строкой
Заместо клича —
В застолье и с налёта — в спор,
И доводам наперекор
Напропалую пёр, в прибор
Окурки тыча.

Он мчался, голову сломя,
Врезаясь в рифмы и в слова,
И словно молния со лба
Его слетала.
Он был порывом к мятежу,
Но всё-таки, как я сужу,
Наверно не про ту дежу
Была опара.

Он создан был не восставать,
Он был назначен воздавать,
Он был назначен целовать
Плечо пророка.
Меньшой при снятии с креста,
Он должен был разжать уста,
Чтоб явной стала простота
Сего урока.

Сам знал он, перед чем в долгу!
Но в толчее и на торгу
Бессмертием назвал молву.
(Однако, в скобках!)

И тут уж надо вспомнить, как
В его мозгу клубился мрак
И как он взял судьбу в кулак
И бросил, скомкав.

Убившему себя рукой
Своею собственной, тоской
Своею собственной — покой
И мир навеки.
За всё, чем был он — исполать.
А остальному отпылать
Помог застенчивый палач —
Очкарь в аптеке.

За подвиг чести нет наград.
А уж небесный вертоград
Суждён лишь тем, чья плоть, сквозь ад,
Пройдя, окрепла.
Но кто б ему наколдовал
Баланду и лесоповал,
Чтобы он голову совал
В родное пекло.

И всё-таки страшней теперь
Жалеть невольника потерь!
Ведь за его плечами тень
Страшней неволи
Стояла. И лечить недуг
Брались окно, и нож, и крюк,
И, ощетинившись вокруг,
Глаза кололи.

Он в шахматы сыграл. С людьми
В последний раз сыграл в ладьи.
Партнёра выпроводил. И
Без колебанья,

Без индульгенций — канул вниз,
Где все верёвочки сплелись
И затянулись в узел близ
Его дыханья...

В стране, где каждый на счету,
Познав судьбы своей тщету,
Он из столпов ушел в щепу,
Но без обмана.
Оттуда не тянул руки,
Чтобы спасать нас, вопреки
Евангелию от Луки
И Иоанна.

Когда преодолён рубеж,
Без преувеличенья, без
Превозношенья до небес
Хочу проститься.
Ведь я не о своей туге,
Не о талантах и т.п. —
Я плачу просто о тебе,
Самоубийца.

1978–1979

Об авторстве переводов из Хулио Эррера-и-Рейссига

Александр Зарецкий,
редактор Мемориальной Сетевой Страницы А. Якобсона

В 2015 году Майя Александровна Улановская передала Мемориальной сетевой странице (МСС) автограф Анатолия Александровича Якобсона — список выполненных им поэтических переводов. Были найдены переводы всех авторов, указанных в этом списке, кроме переводов уругвайского поэта Хулио Эррера-и-Рейссига.

В 1970 г. известный уругвайский литературовед и писатель Хесуальдо Соса составил специально для издательства «Художественная литература» антологию уругвайской поэзии, которая открывается семью стихотворениями Хулио Эррера-и-Рейссига.

Издательству потребовалось немало времени, чтобы перевести материалы для книги «Поэты Уругвая» на русский язык и подготовить к изданию. Сборник был отправлен в набор 10 июля 1973 г. (почти за два месяца до вынужденного отъезда А. Якобсона в Израиль под давлением охранки) и подписан в печать 8 января 1974 г. Автором переводов стихотворений Хулио Эррера-и-Рейссига в книге указан К. Богатырёв.

В библиографических указателях «Художественная литература Латинской Америки в русской печати» за 1959–1980 гг. имя Константина Петровича Богатырёва[56] упоминается только дважды: в книге «Поэты Уругвая» 1974 г., а также в сборнике «Флейта в сельве», который был сдан в набор 1 декабря 1976 г. — после гибели К. П. Богатырёва (18 июня 1976), — и подписан в печать в 1977 г. В этом сборнике переизданы два перевода из антологии.

Эдуард Думанис первым высказал предположение, что истинным автором переводов Рейссига является Анатолий Якобсон. МСС провела опрос среди специалистов, а также родных и близких Анатолия Якобсона и Константина Богатырёва. Было получено твёрдое подтверждение авторства А. Якобсона. Ниже мы приводим результаты опроса.

Альба Борисовна Шлейфер
редактор издательства «Художественная литература», сотрудник редакции литератур Испании, Португалии и Латинской Америки в 1957–1985 гг.

ФАКТОЛОГИЧЕСКИЙ КОММЕНТАРИЙ

Анатолий Александрович Якобсон — известный литератор и талантливый поэт-переводчик с испанского языка — прекрасно справлялся с задачей переводчика суметь передать стиль, интонацию и самобытность оригинала. Такое не каждому дано.

В книге «Поэты Уругвая», 1974 г., стихи поэта Хулио Эррера-и-Рейссига наверняка увидели свет в переводе А. Якобсона, хотя и обозначена совсем другая фамилия переводчика — К. Богатырёв. Эти стихи, публикации которых, по-видимому, Толя очень ждал, стали его последней работой в издательстве «Художественная литература».

Когда эта работа была заказана переводчику Анатолию Якобсону, он, казалось, просто влюбился в этого поэта... Для перевода материал нелёгкий, почти все стихи в форме сонета, что требует непременно свои особенности соблюсти. Анатолий Якобсон вполне справился с этим.

Теперь, спустя столько лет, задыхаешься от восторга, читая и перечитывая поэму Рейссига «Очарованная Силес». Кто бы ещё сумел так передать всю прелесть этих стихов в античном стиле? И сделал это Анатолий Якобсон. В его работе ни на секунду нельзя усомниться.

Вспомнилось, как Толя, занятый этим переводом, чуть ли не через день приходил к нам в редакцию, какой-то взволнованный, то уходя в себя, а то весёлый, но с большой иронией, и на память читал фрагменты только что понемногу складывавшегося перевода... А тогда — нам некогда слушать, план всегда горит, какой-то Рейссиг, Силес...

Вот теперь и читай обозначенные именем К. Богатырёв блестящие переводы Анатолия Якобсона. Почему опубликовали под чужой фамилией (может, даже приятеля) — К. Богатырёв?

Современному читателю не понять теперь, какая это была жуткая эпоха и как человек, эмигрировавший из Советского Союза в Израиль или любую другую страну, становился невидимкой, официально всеми забытым предателем.

Вот некоторые подробности о том, как подписывали в печать одну из следующих книг в серии «Библиотека латиноамериканской поэзии» сборник «Флейта в сельве» (1977 г.), где переизданием опубликованы два стихотворения уругвайского поэта Рейссига за подписью К. Богатырёва.

В начале работы над сборником «Флейта в сельве» я получила от составителя Л. С. Осповата большую папку с переводами стихов, предназначенными к изданию. Известные уже и впервые переведённые 16 поэтов из разных стран Латинской Америки!

Текстов на испанском языке почти нет, сравнить не с чем. Так что читай всё подряд. Есть авторы давно переведённые, соответственно и переводчики высокого класса. Вот и впервые издаваемые поэты, и новые, молодые переводчики. Радуюсь, наконец появился Ю. Петров. Знаю — это псевдоним Юлия Даниэля. Почти всех знакомых переводчиков нахожу, а Анатолия Якобсона нет. Дошла в рукописи до стихов уругвайского поэта Рейссига, 13 стихотворений. Очень странно, только два из них — «Притолока жизни» и «Печальное видение» — подписаны: перевод А. Якобсона. Удивительно, почему остальные стихи идут в переводе М. Самаева. Они ранее уже были опубликованы в книге «Поэзия Латинской Америки» Библиотеки Всемирной Литературы в 1975 г.

Эти два стихотворения в продолжении всей работы над сборником «Флейта в сельве» так и прошли все рабочие корректуры до дня подписания в печать с обозначением на странице Содержание — перевод А. Якобсона.

Так вот, два стихотворения поэта Рейссига в подборке книги «Флейта в сельве» в точности совпадают с опубликованными ранее в книге «Поэты Уругвая», где они значатся совсем не под истинным именем исполнителя перевода Анатолия Якобсона.

Тут, видимо, вспомнили, как поступили в предыдущем издании.

Говорят мне: вот корректура, подписываем в печать, замените фамилию Якобсон на Богатырёв. Так, как в вышедшей ранее книге «Поэты Уругвая».

Отвечаю: «Ни за что! Своей рукой ничего не изменю! Кто это придумал, пусть и делает».

Задаю вопрос: Ребята знают об этом? А гонорар?

Мне отвечают: Не волнуйтесь, всё договорено со всеми.

Отвечаю: Всё равно, я такое не сделаю...

* * *

Книга «Флейта в сельве» так и вышла в свет с двумя прекрасными переводами Анатолия Якобсона, но, несмотря на мои протесты, подписанными чужой фамилией.

Спасибо создателям Мемориальной сетевой страницы Анатолия Якобсона, восстановившим справедливость.

15 января 2018 г.

ДОПОЛНИТЕЛЬНЫЕ КОММЕНТАРИИ

по результатам опроса, проведённого Мемориальной Сетевой Страницей А. Якобсона

Софья Игнатьевна Богатырёва (первая жена К. П. Богатырёва, расстались в 1972-ом): *«Якобсон и Богатырёв были знакомы. Сын Якобсона — Саня — жил у моих родителей [Игнатия Бернштейна (псевд. Александр Ивич) и Анны Бамдас] на даче в Переделкине летом 1973 г. Константин Петрович имел большой опыт переводов с подстрочников, испанским языком не владел».*

Елена Александровна Суриц-Богатырёва (вдова К. П. Богатырёва): *«Константин Петрович не переводил с романских языков, он переводил с немецкого и немного со* славянских языков. Он мог по просьбе А. Якобсона (и/или В. С. Столбова) предоставить своё имя при издании книги».

Стэлла Александровна Шмидт (редактор книги «Поэты Уругвая»): «Анатолий Якобсон и Константин Богатырёв были знакомы. К. Богатырёв никогда не получал заказов на переводы от редакции испанской литературы издательства «Художественная литература».

Майя Александровна Улановская (первая жена Анатолия Якобсона): «Что касается книги переводов поэтов Уругвая, истории с её изданием в 1974 г. не знаю или забыла. Не включить перевод уехавшего в Израиль бывшего диссидента Якобсона, заменив его переводом кого-то другого, — было бы вполне естественно. Менее обычно даже для тех времён было бы приписать авторство перевода кому-то другому. Не знаю! В архиве А. Якобсона есть автограф списка переводов, выполненных им, и там указаны стихотворения Хулио Эрреро-и-Рейссига».

Павел Моисеевич Грушко (поэт-переводчик): «Переводы из Рейссига, по-видимому, не могут принадлежать К. П. Богатырёву, которого отличал более строгий, чем у Анатолия Якобсона, подход к окончаниям слов на рифме; при том, что подход Анатолия к рифмам вполне допустим».

Константин Маркович Азадовский (поэт-переводчик, друг К. П. Богатырёва): Я довольно хорошо помню разные перипетии, связанные с изданием серии «Библиотека латиноамериканской поэзии», поскольку был участником (переводчиком) некоторых (немногих) стихов для отдельных книжек. Печататься было негде, и В. С. Столбов поддерживал нас, как мог, — нас, т.е. лениградцев, с одной стороны, и начинающих, молодых авторов, — с другой. И, конечно, это именно он заменил фамилию уехавшего А. Якобсона на Богатырёва. Валерий Сергеевич заведовал в Худлите испаноязычной редакцией и принимал такого рода решения самостоятельно, не ставя о том в известность других своих сотрудниц (и, разумеется, руководство издательства). Он был «глубоко порядочным человеком» (как тогда говорили). Хорошо помню нашу последнюю встречу с ним и разговор у него в московской квартире — уже после того, как я вернулся из колымского лагеря... Короче, я ничуть не сомневаюсь, что В. С. Столбов это сделал самолично, причём вполне осознанно... Костя Богатырёв действительно никогда не переводил с испанского. И не стал бы — он считал себя германистом и хотел переводить только с немецкого. А со славянских — видимо, по необходимости, для какого-то издания, вероятно, с помощью Петра Григорьевича, своего отца, выдающегося слависта... Определить авторство по тексту перевода не берусь. На Богатырёва, конечно, не слишком похоже. С другой стороны, перевод — это всегда стилизация, поиск нового стиля и новой интонации.

Послесловие

Уважаемые читатели!
40 лет назад на Масличной горе в Иерусалиме упокоен прах Анатолия Якобсона, а мы всё это время неразлучны с его душой и образом, никуда не уходит волнение об этой замечательной, краткой и трагичной судьбе. Хочется, чтобы и вы прикоснулись к его живому воплощению: слову литератора, дару публициста и поэта-переводчика, — и ощутили его незаурядность. Как образно заметил Игорь Губерман, Анатолий Якобсон был «катализатором эпохи» второй половины XX века.

В 30 лет он написал шутливую автоэпитафию:

*Под камнем сим вкушает хладный сон
Раб Божий Анатолий Якобсон.
Не избежал он в этой жизни драк.
И выпить был покойный не дурак.
Девчонкам шею целовал и грудь —
Самозабвенно, а не как нибудь.
Но более всего любил стихи.
Всевышний да простит ему грехи.*

В 2010 году вышло в свет «многоголосое свидетельство» — книга «Памяти Анатолия Якобсона». «Что же осталось от него? — задаётся вопросом один из авторов этого сборника Юрий Гастев. — Немного: "Конец трагедии", книга о Блоке, мне дорогая, но легко могу представить, как может она утомить и раздосадовать привыкших к более спокойной аргументации. Там же, в приложении, прекрасная статья "О романтической идеологии". Ещё совсем немного прекрасных переводов — из Лорки, из других, две хороших статьи и целый чемодан рукописей... На недоумённый вопрос одного западного человека, искренне пытавшегося понять, кем же был для всех нас Толя Якобсон, где его тексты, — мне пришлось не без растерянности развести руками. "А где тексты Сократа?" или где «запах розы, перешибленной вчера пулей?». Сократ, как известно, живёт в диалогах Платона. А аромат Толи Якобсона — в каждом из нас, кто любил и любит его...»

Юрий Гастев говорит, что переводов у Анатолия Якобсона — «совсем немного». Мы надеемся, что книга, которую вы держите в руках, развеет это простительное заблуждение.

Тот сборник завершался стихотворением «Впечатления». Поэтический шедевр проникновенно раскрывал характер и нравственную суть не только его автора — Ованеса Туманяна, — но и, что очень важно для нас, героя повествования — Анатолия Якобсона.

Мы взяли этот перевод [57] из книги «Ованес Туманян. Избранное» (Москва, «Художественная литература», 1988). Сотрудники издательства допустили профессиональную ошибку, указав переводчиком этого стихотворения А. Якобсона. Составитель основного содержания книги — Магда Георгиевна Джанполадян,[58] не имевшая отношения к техническому составу оглавления, документально подтвердила,[59] что автор перевода — Наум Исаевич Гребнев.[60]

Мы сочли своим долгом восстановить справедливость: исправить ошибку, произошедшую не по нашей вине, и хотели бы надеяться, что таким образом само Провидение вернуло нас к этому замечательному слиянию двух вдохновений — великого автора и блистательного переводчика... Мы также осмелились посвятить эту публикацию Анатолию Якобсону.

ВПЕЧАТЛЕНИЯ[61]

Хоть я и лёгким нравом наделён,
Нередко и со мной бывает так:
Смеясь, тяжёлый подавляю стон,
Я — с сокрушённым сердцем весельчак.

Моя душа, как небеса весной:
То солнечно и тихо всё кругом,
То вдруг голубизну закроет тьмой
И тишину расколет близкий гром.

ПОСЛЕСЛОВИЕ

Моя душа болит во всякий час,
Она на протяженьи многих лет
Невольно и неведомо для вас
Свидетель ваших радостей и бед.

Всё видеть — верьте — это нелегко,
Но всё ж мне откликаться суждено
На то, что близко или далеко,
На то, что бело или же черно.

Тысячеокий взор всевидящ мой,
Он видит свет, он видит тьму вокруг.
Я слышу то, что скрыто тишиной:
И шёпот ваш, и сердца тихий стук.

И даже слабый шорох или стон
Воспринимает слух тревожный мой,
Я слышу всё, я в звуки погружён,
От них — моё волненье, мой покой.

Мой слух, как сердце, для всего открыт.
Вот чей-то крик призывный слышу я,
И в сердце кровь кипит, оно болит,
В бессильи извиваясь, как змея!

И где-то стон печальный в тишине
Звучит, и я готов бежать на зов...
Когда бы знали вы, как больно мне
От стольких ваших разных голосов!

* * *

Если после прочтения «Свободного дыхания печали» у Вас возникло желание прочитать (впервые или заново) работы Анатолия Якобсона или воспоминания о нём, приглашаем посетить Мемориальную Сетевую Страницу его имени при интернет-портале «Иерусалимская антология» **http://www.antho.net/library/yacobson/index.html**.

Составители

Комментарии

[1] **Анатолий Александрович Якобсон** (30.04.1935, Москва – 28.09.1978, Иерусалим). *Педагог, литературовед, поэт-переводчик. Автор Самиздата, публицист.* Член Инициативной группы по защите прав человека в СССР, редактор «Хроники текущих событий». В 1957 окончил исторический факультет Московского государственного педагогического института. До 1968 преподавал историю и литературу в московских школах. Одновременно интенсивно занимался литературной деятельностью: переводил поэтов Западной Европы и Латинской Америки. В 1960-х – начале 1970-х печатает в периодике и поэтических сборниках свои переводы из Ф. Гарсии Лорки, М. Эрнандеса, Т. Готье, П. Верлена и В конце 1960-х – начале 1970-х пишет ряд литературоведческих эссе, заведомо не предназначенных для советской печати. Основой некоторых из них стал цикл публичных лекций о русских поэтах начала XX века – Анне Ахматовой, Александре Блоке, Сергее Есенине, Осипе Мандельштаме, Владимире Маяковском, Борисе Пастернаке, прочитанный в 1966–1968 в московской математической школе № 2, где он в то время преподавал. Эти лекции были значительным культурным событием не только для его слушателей-учащихся, но и для московской интеллигенции: школьный актовый зал с трудом вмещал всех желающих. На их основе возникли книги и очерки-эссе. («Конец трагедии», «Царственное слово», «О романтической идеологии»): академический литературно-критический анализ соседствует в них с просветительским и публицистическим пафосом.

Правозащитная деятельность Я. началась в 1965, после ареста Андрея Синявского и Юлия Даниэля. Я., близкий друг Даниэля, просил допустить его на суд в качестве общественного защитника, но получил отказ. Подготовленную речь направил в суд; впоследствии она была включена в «Белую книгу» Александра Гинзбурга. В дальнейшем самиздатские статьи и обращения принесли Я. репутацию блестящего публициста. Одно из самых известных таких обращений – «Начнем с того, чтобы освободить себя!» (18.09.1968), ответ на разговоры о «бесполезности» «демонстрации семерых» на Красной площади. В этом коротком тексте Я. с предельной ясностью изложил собственное понимание смысла и духа правозащитной активности как, в первую очередь, индивиду-

КОММЕНТАРИИ

ального нравственного противостояния беззаконию и официальной лжи.

Концепция, лежащая в основе обращения, значительно повлияла на самосознание советских диссидентов; на годы вперед она стала «символом веры» для многих активистов движения в защиту прав человека в СССР.

Весной 1968, не желая, чтобы его диссидентская деятельность ставила под удар коллег-педагогов, оставил преподавание в школе; жил частными уроками и гонорарами за переводы.

21.12.1969, в день девяностолетия со дня рождения И. Сталина, участвовал в антисталинистской демонстрации на Красной площади в Москве; был задержан и по решению нарсуда Ленинского района оштрафован за нарушение общественного порядка.

Подпись Я. стоит под многими правозащитными петициями 1967–1973. В ряде случаев именно Я. являлся автором правозащитных текстов, подписывавшихся коллективно. Так, его перу принадлежит большинство обращений Инициативной группы по защите прав человека в СССР (ИГ), членом которой Я. стал в мае 1969 и оставался вплоть до отъезда из СССР (за исключением нескольких месяцев в 1970 – начале 1971, когда, разойдясь с Петром Якиром из-за слишком тесных контактов последнего с эмигрантским Народно-трудовым союзом, приостановил членство в ИГ).

В 1969 Я. – один из помощников Натальи Горбаневской в издании «Хроники текущих событий», а после ареста Н. Горбаневской в декабре 1969 становится ключевой фигурой в кругу издателей этого бюллетеня. Несколько выпусков в 1970–1972 составлены им практически в одиночку; в работе над другими он принимал участие в качестве литературного редактора. Неоднократно подвергался допросам и обыскам.

Работа в «Хронике текущих событий» и участие в ИГ не стали помехой для литературного творчества Я. В начале 1970-х он завершил основной труд своей жизни – книгу о поэзии Александра Блока «Конец трагедии» (в ранних самиздатских списках она называется «Трагический тенор эпохи»). Изданная в 1973 за рубежом издательством имени Чехова Корпорейшн, книга приносит Я. международную известность; в том же году его принимают в Европейский ПЕН-клуб.

С конца 1972 давление на Я. усиливается; ему открыто угрожают арестом, если он не покинет СССР. Шантажируют и других активистов правозащитного движения, в частности — участников издания «Хроники». Один из следователей КГБ прямо заявил, что в случае выхода следующего выпуска будет арестован именно Я. В январе 1973 на встрече издателей «Хроники» и близких к ней правозащитников было решено приостановить выпуск бюллетеня. Я. также был на этой встрече, но «права голоса» ему не дали. В начале сентября 1973 эмигрировал с семьей в Израиль.

Поселился в Иерусалиме. Работал в Центре славистики Иерусалимского университета, подготовил и опубликовал ряд литературоведческих статей. Защитил диссертацию на тему «Соотнесенность реально-исторического и карнавально-мистерийного начал в русской поэме XX века. (Блок, Пастернак)».

Руководил Иерусалимским филологическим семинаром*.

В сентябре 1978, в состоянии тяжелой депрессии, покончил с собой. Похоронен на Масличной горе в Иерусалиме.

В 1989 ключевая статья Я. «О романтической идеологии» была опубликована на родине, в 1992 была переиздана книга «Конец трагедии». Тогда же вышел сборник «Почва и судьба», включающий в себя ряд литературных эссе Я., его переводы, избранную самиздатскую публицистику, дневниковые записи, воспоминания друзей.

«...Когда толкуют о диссидентстве как способе самореализации для неудачников и бездарностей, я вспоминаю Толю Якобсона, его великолепный талант, человеческий и профессиональный. Когда говорят о диссидентах как людях равнодушных или враждебных России, я опять же вспоминаю Тошкину почти физиологическую связь с русской культурой. Разрыв или ослабление этой связи, невозможность слышать вокруг себя русскую речь и привели его — я в этом уверен — к гибели» (*из воспоминаний Сергея Адамовича Ковалева*).

В феврале 1978 академик Сахаров выдвинул 8 правозащитников и среди них Анатолия Якобсона на Нобелевскую премию мира*.

Источники: Из книги «Документы Инициативной группы по защите прав человека в СССР», М., 2009. Составители: Г. В. Кузовкин, А. А. Макаров. См. **http://www.memo.ru/history/diss/ig/docs/igdocs.html**. Биография подготовлена в рамках проекта «Словарь диссидентов Центральной и Восточной Европы», «Мемориал» (Москва), Центр «Карта» (Варшава); **http://www.antho.net/library/yacobson/about/andrei-sakharov.html**. *Дополнения к биографии, отмеченные (*), сделаны А. Зарецким.*

² Полное название — государственное бюджетное образовательное учреждение города Москвы лицей «Вторая школа». Находится в Юго-Западном административном округе города Москвы, по адресу Москва, 119333, ул. Фотиевой, д. 18.

Школа № 2 была открыта в 1957 г. Первый директор — Владимир Фёдорович Овчинников, — назначен в ноябре 1956 г.

Физико-математическая специализация школы началась с того, что директором было организовано прохождение производственной практики учениками по специальности «радиомонтажник» (а позже — «программист») в одном из институтов Академии наук СССР. Такое решение вызвало приток в школу детей сотрудников расположенных на Ленинском проспекте академических институтов. В свою очередь, родители этих детей привлекались в школу в качестве лекторов и преподавателей.

В школе не было младших классов (с первого по пятый), и за счёт этого удавалось содержать гораздо большее количество старших классов (с шестого по десятый), чем в обычных московских школах. Приём в эти классы производился на конкурсной основе по результатам собеседований.

Занятия по математике и физике часто вели ведущие учёные — член-корр. (затем академик) И. М. Гельфанд, проф. Е. Б. Дынкин, Ю. Л. Климонтович, В. В. Лебедев, О. И. Локуциевский, В. И. Левин, В. Г. Лемлейн, С. А. Лосев, Ю. И. Манин, С. Е. Северин, В. П. Смилга, М. С. Хайкин, Н. Н. Чебоксаров, Б. В. Шабат, а также заслуженный учитель РСФСР И. Х. Сивашинский, полковник Н. М. Сигаловский и другие.

Предметы гуманитарного цикла преподавали И. С. Збарский, Ф. А. Раскольников, Г. Н. Фейн, Н. В. Тугова, А. А. Якобсон, Т. Л. Успенская-Ошанина, В. И. Камянов, А. В. Музылёв, З. А. Блюмина, Г. А. Богуславский, А. Ф. Макеев, Ю. Л. Гаврилов, Т. И. Олегина, Л. П. Вахурина и другие.

В школе функционировал театр, проходили публичные лекции и концерты. Таким образом, в школе образовалось сообщество неординарных учителей и учеников со свободным взглядом на мир, на окружающую действительность. Но в советские времена всякое самостоятельное суждение в общеобразовательном учреждении не поощрялось. В связи с этим в 1971 году из школы с соответствующими взысканиями были уволены директор В. Ф. Овчинников и все его заместители. Об этом периоде Второй школы вспоминает Владимир Фёдорович Овчинников:

«Нынешнему непоротому поколению, как тем, кто учится, так и подавляющему большинству тех, кто учит, пожалуй, не так-то легко понять, почему их учебное заведение, ныне гордо именуемое Лицеем «Вторая школа», стало в свое время одной из московских достопримечательностей.

Казалось бы, школа как школа, обыкновенная блочная пятиэтажка на дальней в ту пору столичной окраине. Почему же именно сюда из всех концов Москвы ездили учиться? Нет, отнюдь не только и не столько из-за высокого уровня, на котором в школе № 2 преподавали математику и физику, а более всего — за воздухом свободы, за возможностью окунуться в атмосферу вольномыслия, какой действительно в любой школе, в том числе и в специальной математической, было не сыскать.

Сегодняшнему ученику, да и учителю трудно себе представить, что директору школы тогда, тридцать лет назад, могли вынести выговор за то, что в коридоре вывешена «Литературная газета», а ученика-старшеклассника таскали на Лубянку и в конце концов посоветовали ему уехать из страны за то, что кто-то застал его за чтением Солженицына.

Теперь вообразите, какое мужество требовалось учителю, да и администрации школы, когда классу предлагалась тема сочинения «Один день Ивана Денисовича». Если к этому добавить, что историю преподавал известный диссидент, редактор «Хроники текущих событий» А. А. Якобсон и он же читал лекции по русской литературе «серебряного века», да и остальные преподаватели литературы и истории не стесняли себя никакими идеологическими ограничениями, нетрудно представить себе общую картину жизни и умонастроений в школе».

В августе 1992 года школа № 2 была преобразована в Государственный лицей «Вторая школа». С 2001 года по настоящее время руководителем Лицея «Вторая школа» является народный учитель Российской Федерации В. Ф. Овчинников.

Авторитет и репутация «Второй школы» привлекают сильных учащихся и педагогов. Уровень преподавания физики и математики столь высок, что выпускники лицея, как и ранее школы № 2, побеждают на олимпиадах, включая междуна-

КОММЕНТАРИИ

родные, и без труда поступают в такие вузы, как МГУ, МФТИ (Физтех), МИФИ, а среди выпускников прошлых лет есть уже не только профессора этих вузов, но и действительные члены и чл.-корр. РАН. Так, выпускниками «Второй» являются академики А. Р. Хохлов, С. А. Недоспасов, чл.-корреспонденты В. В. Лебедев, А. А. Разборов, обладатели научных мега-грантов Д. Иванов и И. Абрикосов. Количество выпускников с учёной степенью докторов наук исчисляется сотнями.

Среди выпускников «Второй школы» известные писатели, поэты, историки, журналисты, экономисты, банкиры, общественные и государственные деятели, скульптор, в частности: П. Авен, А. Белоусов, Н. Байтов, Е. Бунимович, В. Гефтер, А. Даниэль, Г. Ефремов, Н. Климонтович, Л. Радзиховский, А. Соколов, В. Шаров, С. Филонович, Г. Франгулян и другие.

Источники: «Записки о Второй школе», Выпуск II, 1956–1983 гг. Составители Георгий Ефремов, Александр Ковальджи. — М.: «Новости», 2006. — 640 с.; официальный интернет-сайт Лицея «Вторая школа» https://sch2.ru/history; Е. А. Бунимович. «Девятый класс. Вторая школа». М. 2012; Википедия. *(Прим. А. Зарецкого).*

[3] **Владимир Федорович Овчинников** (р. 4 октября 1928, Москва), закончил исторический факультет МГПИ имени Ленина (1951), получил направление в Калугу, где преподавал историю в средней школе № 3, затем работал в Калужском обкоме ВЛКСМ, позднее в аппарате ЦК ВЛКСМ, директор школы работающей молодежи № 48 (1954–56), директор школы-новостройки № 2 (1956–1971), где в начале 60-х годов появились два физико-математических класса, а затем школа стала полностью физико-математической. В 1970–71 учебном году школа № 2 привлекла повышенное внимание партийных органов и подверглась проверке с точки зрения соответствия идеологическим установкам КПСС, в результате — В. Ф. Овчинников был уволен из школы № 2. Преподавал историю в школах № 45, 57, 31, директор Всесоюзной заочной многопредметной школы (1964 — поныне), директор Государственного лицея «Вторая школа» (с марта 2001 — поныне). Международный биографический центр, Кембридж, Великобритания (The International Biographical Centre, Cambridge, UK) внес имя Владимира Фёдоровича Овчинникова в список людей, чьи заслуги в области образования в двадцатом столетии признаны мировым сообществом. 30 октября 2008 г. президент России присвоил Влади-

миру Фёдоровичу почётное звание Народный учитель Российской Федерации.

Источники: «Записки о Второй школе», Выпуск II, 1956–1983 гг. Составители Георгий Ефремов, Александр Ковальджи. — М.: «Новости», 2006. — 640 с.; Википедия; интернет-сайт Фонда друзей Второй школы **http://sch2.mosuzedu.ru/fond/index.html**. *(Прим. А. Зарецкого).*

4 **Герман Наумович Фейн** (литературный псевдоним Герман Андреев), р. 12.08.1928. Литературовед, культуролог, публицист. Завуч 2-й школы и учитель литературы 1966–71. Профессор в г. Ландау, Германия. Им изданы книги: «Война и мир» Толстого (методика исследования и преподавания)», «Zwei Gesichter Russlands» («Два лика России») на немецком языке, «Чему учил граф Лев Толстой», «Идея либеральной интеллигенции в творениях русских писателей первой половины XIX века». Четверть века преподавал русский язык и литературу в различных школах Ялты и Москвы. Несколько лет вёл по московскому телевидению учебную программу по литературе. По его сценарию был снят учебный фильм «Ясная Поляна в жизни и творчестве Толстого». После эмиграции в 1975 в течение 25 лет преподавал русскую литературу и российское страноведение (история, философия, искусство) в немецких университетах Гейдельберга, Мангейма и Майнца. Был постоянным автором парижской газеты «Русская мысль», русской службы радио «Немецкая волна», журналов «Континент» и «Страна и мир», а после 1991 — «Новый мир», «Открытая политика», газ. «Сегодня». Имеет более 200 публикаций в России и за рубежом. Один из основателей Летнего русского университета им. А. Д. Сахарова в Германии. *Источник:* «Записки о Второй школе», Выпуск II, 1956–1983 гг. Составители Георгий Ефремов, Александр Ковальджи. — М.: «Новости», 2006. — 640 с.

5 Анатолий Якобсон о Второй школе в «Хронике текущих событий», выпуск 27, 15 октября 1972:

«КОНЕЦ ВТОРОЙ ШКОЛЫ

К 1 сентября 1972 года фактически прекратила свое существование московская физико-математическая школа №2, бывшая прежде одной из самых популярных в городе. На протяжении 8 лет учителя школы работали по экспериментальной программе, давая детям, наделенным заметными способностями к математике, повышенные знания в области физико-математических дисциплин. Сверх обычных классных занятий ученики посещали лекции университетских профессоров и специальные семинары, руководимые аспирантами и студентами старших курсов МГУ. Видные ученые — математики, физики, психологи — безвозмездно работали со школьниками, одновременно решая ряд вопросов, связанных с проблемой форсированного развития учащихся. Дело, однако, не сводилось ни к эксперименту, ни к узкой специализации.

Руководители школы, заботясь о всестороннем развитии ребят, стремились доверить преподавание всех предметов наиболее сведущим, чутким к запросам ребят педагогам. В результате школа приобрела широкую известность. Количество заявлений о приеме росло из года в год, превышая наличные вакансии в три-четыре раза. Ученики ездили в школу из самых отдаленных районов Москвы, а некоторые — из пригородов. Учеников школы стали отличать в вузах. Но не только по признаку их высокой физико-математической подготовки, а по любви к литературе, по остроте интереса к общественным проблемам, по характеру вопросов, задаваемых преподавателям идеологических дисциплин, по привычке не принимать на веру недоказанное. Сведения о «духе» школы №2 постепенно скапливались в кабинетах ответственных лиц вплоть до начала 1971 года, когда бывший учитель школы И.Х. СИВАШИНСКИЙ подал заявление о выезде в Израиль, а его дочь — десятиклассница — о выходе из комсомола. С этого момента партийные власти района и города стали готовить практические шаги.

Около 4 месяцев (с марта по июнь) школу обследовали десятки инспекторов. Старательно выискивались упущения. При составлении сводного акта проверки главные причины недовольства шкоой — причины идеологические — были спрятаны. За ширмой самых обычных «недочетов руководства», имевших или якобы имевших место в школе №2, уволили директора и трех его помощников. В знак протеста школу покинуло несколько учителей. Профессорские лекции постепенно сошли на нет. Ученики из отдаленных районов перешли в обычные школы. Но еще оставались в школе учителя, мешавшие проведению нового курса. И в феврале 1972 года начался новый этап чистки. Школу вновь наводнили группы инспекторов. В центре их внимания оказались еще не выжитые историки и словесники старого состава. В результате все историки (кроме одного, работавшего лишь год при старой администрации) и все словесники принуждены были оставить школу.

К сентябрю 1972 года число поступающих в школу №2 резко сократилось. Появились открытые вакансии. Просвещенческие власти взяли на себя заботу о вербовке учеников. Кандидатов на освободившиеся учительские места стал утверждать райком. Многих приходилось агитировать. Агитация часто подкреплялась обещанием новых квартир. Есть сведения, что участников обследования школы №2 и составителей протоколов уже поощряют (в частности, заграничными командировками). Действиями по ликвидации «элитарной» школы персонально руководили: ЯГОДКИН — один из секретарей МГК КПСС, ПЕРОВА — завотделом школ МГК КПСС, АРХИПОВА — первый секретарь Октябрьского райкома КПСС, ЦВЕТКОВА — завотделом Октябрьского РОНО [Районный отдел народного образования], АГЕЕВА — учительница. В процессе ликвидации школы за нее пытались вступиться (в форме частных просьб) многие влиятельные лица, включая министра просвещения СССР ПРОКОФЬЕВА, но все оказалось тщетным».

Источник: http://old.memo.ru/history/diss/chr/chr27.htm (*Прим. А. Зарецкого*).

[6] «Анатолий Якобсон очень увлёкся Честертоном и перевёл стихи «В городе, огороженном непроходимой тьмой». Недослышав или не разобрав скорее написанного мной подстрочника, он заменил в них одно слово — «большую» или «великую» страну на «больную»: «Ибо жалеет наш Господь свою больную страну». Получилось несравненно лучше». — *Наталья Трауберг, из интервью «Лит. Газете», 26 апреля 2000*. «Постоянно повторяя, что в бога он не верит, Тоша Честертона полюбил и перевёл два стишка». — *Наталья Трауберг, из книги «Сама жизнь»*, СПб.: изд-во И. Лимбаха, 2008.

Печатается по изданию Гилберт К. Честертон. «Избранные произведения» в трёх томах, М., «Художественная литература», 1990 г. Том 2, стр. 276. (*Прим. А. Зарецкого*).

КОММЕНТАРИИ

7 Последние две строки публикуются в авторской редакции А. Якобсона, см. Н. Трауберг «О переводах стихов Г. Честертона» http://www.antho.net/library/yacobson/translations/chesterton.html. В издании Гилберт К. Честертон «Избранные произведения» в трёх томах. М., «Художественная литература», 1990 г., т. 2. на с. 234 приводится редакционный вариант:
«Ему досталась мудрая
И добрая страна»

(Прим. А. Зарецкого).

8 **Рональд Нокс** (англ. Ronald Arbuthnott Knox) — английский религиозный деятель, критик, писатель, автор детективов. Сонет-эпитафия, написанный монсиньором Роналдом Ноксом, был опубликован в католической еженедельной газете «The Tablet» (London), vol. 167, No 5016, p. 785, 20 June, 1936 http://archive.thetablet.co.uk/issue/20th-june-1936. Там же были опубликованы написанные Хилэром Беллоком и др. некрологи «G. K. Chesterton». *Источник:* Garry Wills «Chesterton», Sheed & Ward, Inc., London, 1961.

Перевод впервые обнародован в журнале «Вопросы философии», 1989, № 1, с. 83–128 в послесловии Натальи Трауберг к книге Г. К. Честертона «Св. Франциск Ассизский». «Ключ к сонету прост — именно об этих людях у Честертона есть книги (о докторе Джонсоне — пьеса). Известней всего — книга о Диккенсе (1906)...» — Н. Трауберг, там же. *(Прим. А. Зарецкого)*

9 **Джозеф Хилэр Пьер Рене Беллок** (англ. Hilaire Belloc) — писатель и историк, друг Г. К. Честертона. Один из самых плодовитых английских сочинителей начала XX века. *Источник:* Википедия.

Перевод первой строфы стихотворения Х. Беллока «Courtesy», которую Г. К. Честертон процитировал в книге «Св. Франциск Ассизский», глава 3 «Франциск-воитель». Перевод впервые опубликован в журнале «Вопросы философии», 1989, № 1. Полный текст оригинала стихотворения можно прочесть, в частности, в книге Garrison Keillor. *Good Poems for Hard Times*, Penguin Books, NY. 2005 *(Прим. А. Зарецкого)*.

10 **Хосе Мармоль** — член тайного общества «Молодая Аргентина», намеревавшегося свергнуть диктатора Х. М. де Росаса. В 1839 г. был брошен в тюрьму, в 1840 г. под угрозой смерти эмигрировал в Монтевидео (Уругвай). В изгнании развернул

борьбу с тиранией Росаса, основал собственную газету. Перу Мармоля принадлежит первый аргентинский национальный роман «Амалия». После падения диктатуры (1852) принимал деятельное участие в литературной и общественной жизни Аргентины.

25 мая 1810 г. восставшее население Буэнос-Айреса создало собственное правительство. События, происходившие в Буэнос-Айресе в мае, получили название «Майской революции»; день 25 мая стал национальным праздником аргентинского народа. Обращаясь в этот день к диктатору Росасу, поэт клеймит его за измену освободительным традициям. *(Прим. В. Емельянова).*

[11] Опубликовано в сборнике: *Солдаты свободы. Переводы с испанского.* Гос. изд-во худ. литературы. Москва, 1963.

[12] Опубликовано: *Поэзия гаучо,* пер. с испанского. Москва. Гослитиздат, 1964. **Эстанислао дель Кампо** — аргентинский писатель. Содержание оперы Гуно, поставленной в столичном театре в 1866 г., излагается словами человека из народа. Поэма за сто лет выдержала около ста пятидесяти изданий. *(Прим. М. Улановской).*

[13] Из письма Анатолия Якобсона Юне Вертман 24 января 1965 г.: «Я недавно перевёл несколько стишков из одной прозаической аргентинской повести — ты знаешь об этом. Не помню, читал ли я тебе оттуда одну песенку. Её поёт прохожий слепой старик над могилой только что умершей маленькой девочки, поёт для её матери. Думаю, что это самое лучшее не только из моих переводов, но, быть может, из всего, что мне довелось высказать стихом». Имя автора повести пока не установлено. Выписка из письма находится в архиве Института Восточной Европы Бременского Университета. Фонд Ф.30.198. Юнона Давидовна Вертман. *(Прим. А. Зарецкого).*

[14] Переводы Анатолия Якобсона с армянского опубликованы в книге: Ованес Туманян. *Избранные произведения в 3-х томах. Том первый. Стихотворения. Легенды и баллады. Поэмы.* Издательство «Айастан» Ереван 1969 г. 385 стр., — и выполнены специально для этого издания. От составителей: «...Над трёхтомником плодотворно работали видные русские переводчики. Особо следует сказать о редакторе поэтического тома

М. С. Петровых и редакторе томов прозы А. Л. Дымшице. Они работали над переводами ревностно и тщательно, и их пример заражал всех, кто принимал участие в работах трёхтомника...» Л. Ахвердян, Л. Мкртчян. (*Прим. А. Зарецкого*).

15 В газете «Литературная Россия» 19 сентября 1969, № 38 (350), на стр. 7 была помещена подборка переводов из Ованеса Туманяна, посвященная его 100-летнему юбилею. Выскажу предположение, что переводы стихотворений «В Кошакаре» и «Видения» — обращения А. Якобсона к Анне Ахматовой и Юлию Даниэлю. Леонард Терновский приводит слова А. Якобсона о Юлии Даниэле: **Юлий мне как брат. Как старший брат**». С июля 1969 г. Даниэль был заключённым Владимирской тюрьмы — «...за той стеной, где ни лесов ни гор...» Ответ Юлия Даниэля Якобсону в письме от 23 сентября 1969 г.: «...Получил очередную «Лит. Россию». Как маслом по сердцу: «Переводы Анатолия Якобсона». Молодец, Тошка, переводы удачные, особенно первый, с редифом [Ануш]; а предпоследнюю строфу [«Не сбываются в жизни такие сны»] кто сочинил — Туманян или Якобсон?..» — Ю. Даниэль. *Из книги «Я всё сбиваюсь на литературу...». Письма из заключения. Стихи.*, Общество «Мемориал» Издательство «Звенья», Москва, 2000 (*Прим. А. Зарецкого*).

16 Н. Я. Мандельштам пишет в воспоминаниях об А. А. Ахматовой: «*Мы вернулись из Армении и прежде всего переименовали нашу подругу. Все прежние имена показались нам пресными: Анушка, Анюта, Анна Андреевна. Новое имя приросло к ней, до самых последних дней я ее называла тем новым именем, так она подписывалась в письмах — Ануш...*» Н. Я. Мандельштам. *Третья книга.* Париж, 1987. стр. 131.

Ануш — главный персонаж эпоса Туманяна. Ануш Ахматова — любимый поэт Анатолия Якобсона. (*Прим. А. Зарецкого*).

17 **Андрес Бельо** родился в Каракасе (нынешняя Венесуэла). Был учителем Боливара. Революционная хунта Каракаса в 1810 г. послала Бельо делегатом в Лондон, где он оставался до 1829 г., защищая интересы молодых республик и издавая журналы на испанском языке. С 1829 г. жил в Чили, где развернул огромную просветительскую деятельность — был организатором и первым ректором университета, составителем «Гражданского кодекса», опубликовал ряд исследований

по филологии, философии, праву и много переводов.(*Прим. В. Емельянова*).

[18] Опубликовано в сборнике: «Солдаты свободы. Переводы с испанского». Государственное издательство художественной литературы. Москва, 1963 г.

[19] **Исаак Хаимович Платнер** — еврейский поэт и переводчик. Первые стихи, написанные на идиш, были напечатаны в «Варшавском альманахе» в 1918 году. Участвовал в деятельности социалистической партии Поалей Цион. В 1921 году уехал в США. Учился в Еврейской учительской семинарии. По окончании семинарии работал учителем в школе. В 1932 году посетил Советский Союз с группой западных писателей и в конце того же года переехал с семьёй в Минск. Работал литературным работником в Еврейской редакции Белорусского радиокомитета, литературным редактором в еврейской газете «Октябрь», в журнале «Штерн». В 1933 году в Минске вышел первый сборник его стихов для детей. После зверского убийства Соломона Михоэлса 12 января 1948 г. Платнер написал рассказ «Последняя роль Михоэлса», который передавался из рук в руки и где говорилось, что «никто из евреев в столице Белоруссии не верит в случайный характер смерти артиста». Платнер был арестован и 22 апреля 1950 г. приговорён Особым совещанием к 25 годам лагерей за шпионаж и антисоветскую националистическую деятельность. Освобождён и реабилитирован в январе 1956 года. Умер 26 июля 1961 года в Паланге. Похоронен в Минске. *Источники*: Википедия; Электронная Еврейская энциклопедия; Джессика Платнер «Эта жизнь обернулась вот так». Иерусалим, «Достояние», 2010; http://www.antho.net/library/yacobson/advertise/michoels-isaac-platner.html (*Прим. А. Зарецкого*).

[20] Опубликовано в книге: **Платнер, Айзик**. *Соль жизни: Стихи*. [Сёстры]: [Поэма]: Пер. с евр. — М.: Сов. писатель, 1961.

[21] **Ти́рсо де Моли́на** (*Tirso de Molina*) — испанский драматург, доктор богословия, монах и историограф. Автор более 400 стихотворных пьес. Также обращался к различным прозаическим жанрам (сборник новелл и сочинений на разные темы «Толедские виллы» (Los cigarrales de Toledo), издан в 1624). *Источник*: Википедия.

КОММЕНТАРИИ

Опубликовано в книге Тирсо де Молина «Толедские виллы», М.: Издательство «Художественная литература», стр. 319, 1972 г. Перевод с испанского Евгении Михайловны Лысенко (проза) и Анатолия Александровича Якобсона (стихи), редактор Л. Бреверн. (*Прим. А. Зарецкого*).

22 Первая книга Лорки «Канте хондо» (вышла в 1921 г.) во многом определила его творческую судьбу. **Канте хондо** — буквально «глубинное пение» — это особая музыкально-поэтическая культура, которая существовала и существует только в Андалузии, на юге Испании. Есть мнение, что эту древнеиндийскую песню занесли в Андалузию цыгане. Своеобразие жанра в том, что ни одна песня не повторяется дважды. Это бесконечные вариации небольшой группы музыкальных тем, как бы бесконечная импровизация. Главные темы — любовь и смерть. (Из выступления А. А. Якобсона в июне 1978 г. в Иерусалиме. В дальнейших ссылках на это выступление будет указано: *Прим. А. Якобсона*).

23 Все переводы, кроме: «Незамужняя на мессе», опубликованного в сб. «Почва и судьба», — напечатаны в книге: Ф. Г. Лорка. *Лирика*. М.: Гослитиздат, 1969. 158 стр.

24 В начале 1970-х годов композитор Марк Анатольевич Минков (1944–2012) создал музыку для вокального цикла «Плач гитары» на стихи Федерико Гарсии Лорки, который исполнила певица Зара Долуханова. В этот цикл вошёл романс «Оставьте меня в этом поле плакать» на стихотворение «Ай» в переводе Анатолия Якобсона. В нескольких конкурсах имени П. И. Чайковского цикл входил в обязательную программу вокалистов. *Источники:* Романсы и песни советских композиторов [Ноты]: для голоса с фортепиано. — М.: Музыка, 1978. — С. 45–47; Википедия. (*Прим. А. Зарецкого*).

25 Младший современник Федерико Гарсиа Лорки, **Мигель Эрнандес** (*Miguel Hernández Gilabert*) был и принят, и понят, и оценён им, хотя олицетворял поэзию совершенно другого типа. Крестьянин и пастух необыкновенно быстро, самоучкой достиг вершин европейской образованности и, главное, органически и мощно впитал в себя традиции древней и чрезвычайно изощрённой испанской поэзии, став виртуозным мастером стиха, его самых сложных форм. Эрнандес прожил

короткую жизнь. В 1936 году, в начале Гражданской войны, он попал как боец республиканской армии в плен к фалангистам, был приговорён к расстрелу, заменённому 30-ю годами заключения. Умер от туберкулёза в тюрьме, прожив немногим больше 30-ти лет. (*Прим. А. Якобсона*)

Переводы напечатаны в книге: «Мигель Эрнандес. Стихи», М.: «Художественная литература», 175 стр., 1970. Редактор Галина Полонская.

26 Сонеты посвящены платонической возлюбленной Петрарки, не дожившей до сорока лет и умершей во время европейской чумы 1348 г. (*Прим. А. Якобсона*).

Все 5 переводов опубликованы в книге *Почва и Судьба*, стр. 184, а также в 2-томнике: «Петрарка в русской литературе». М.: Издательство «Рудомино», 2006. Книга Вторая, стр. 231–233.

27 Перевод опубликован: «Русская Мысль» № 3737, 12 августа 1988 г.

28 **Бебей, Франсис** (Francis Bebey), камерунский поэт, композитор, гитарист и музыковед. Учился в Сорбонне (Франция) и Соединённых Штатах. Стихи переведены впервые — из сборника новелл и стихов «Embarras et Cie» («Тяготы и компания»), Yaounde, 1968. (*Прим. В. Емельянова*).

29 Опубликовано: *Поэзия Африки*. Библиотека Всемирной Литературы. М.: «Художественная литература», 1973. стр. 243–245.

30 **Ифе** — город в Западной Нигерии, один из важнейших очагов древней цивилизации в Африке. Мировую известность приобрели найденные в Ифе произведения традиционной пластики XII – XIV веков, — в частности, маски. *Источник*: Википедия.

31 Опубликовано в книге «Поэзия кубинского романтизма». Издательство «Художественная литература», М., 1970, стр. 192. Редактор Л. Бреверн.

32 **Кауто** (исп. Cauto) — река на Кубе в провинциях Сантьяго-де-Куба и Гранма, самая длинная на острове. Находится в юго-восточной части острова. Беря начало в горах Сьерра-Маэстра, течёт на запад и северо-запад, впадая в залив Гуаканаябо к северу от города Мансанильо. *Источник*: Википедия.

³³ **Атуэй** (исп. Hatuey; ум. 2 февраля 1512 года) — касик (вождь) одного из племён таино, боровшийся с испанскими конкистадорами на островах Эспаньола и Куба. Считается первым кубинским национальным героем и первым повстанцем Америки. В 1511 году Атуэй и 400 его воинов бежали с завоёванной испанцами Эспаньолы и предупредили жителей острова Каобана (Куба) о грядущем пришествии конкистадоров. Бартоломе де Лас Касас рассказывает, что он убедил туземцев бросить всё имевшееся у них золото в реку; как ему представлялось, испанцы поклонялись золоту как богу. Атуэй объединил вокруг себя различные племена и начал устраивать вылазки против испанцев, укрепившихся в форте Баракоа. Некоторое время ему удавалось сдерживать продвижение конкистадоров в глубь острова, но их предводитель Диего Веласкес де Куэльяр, знавший тактику туземцев, смог разбить и уничтожить отряды таино по отдельности. В одной из схваток Атуэй был взят в плен. Вождь был приговорён к сожжению на костре.

Согласно Лас Касасу, перед казнью монах-францисканец убеждал Атуэя принять крещение, чтобы после смерти попасть в рай. Атуэй спросил, попадают ли христиане на небеса; монах ответил, что не все, но лишь самые хорошие и добрые. Тогда вождь заявил, что «не желает на небо, а хочет в ад, лишь бы не оказаться опять среди христиан, столь жестоких людей». В городе Баракоа установлен памятник Атуэю. Также его имя носит одна из марок кубинского пива. *Источник*: Википедия.

³⁴ Опубликовано в сб.: *Заря над Кубой* (перевод с испанского). Государственное издательство художественной литературы. М., 1962 г.

³⁵ **Хаджи-Мурат Аранбекович Дзуццати** (Дзуццаты, Дзудцов) — осетинский поэт и литературовед. Родился в селе Корнис Южной Осетии. В 1952 г. окончил местную школу с золотой медалью и поступил в Литературный институт им. М. Горького. Вместе с ним на одном курсе учились Евгений Евтушенко, Наталья Тарасенкова и др. Окончил институт в 1957 г. Уже в 1960 г. вышел его первый сборник (в переводе на русский язык). Автор стихотворных книг. Наряду с поэтическим творчеством вёл большую исследовательскую работу. Его перу принадлежат монографии о выдающихся осетинских писателях, в частности, о Чермене Беджизаты, а также сборники критических и публицистических статей о новых

аспектах литературного процесса. *Источник:* http://nslib.tmweb.ru/karta/ugosetia.html (*Прим. А. Зарецкого*).

36 Опубликовано в книге: Дзуццати (Дзудцов), Хаджи-Мурат. *Ветер времени: Стихи:* Пер. с осет. / М.: Сов. писатель, 1960..

37 См. о поэте В. А. Луговском (1901–1957) и А. Якобсоне в мемуарной новелле Вл. Фромера «Толя» http://7iskusstv.com/2016/Nomer8/Fromer1.php (*Прим. А. Зарецкого*).

38 **Сесар Авраам Вальехо Мендоса** (исп. César Abraham Vallejo Mendoza) — перуанский поэт, бунтарь и новатор. Писал прозу, обращался к драматургии. Поэзия Вальехо, одна из вершин испаноязычной лирики XX века, вобрала индейские традиции, достижения латиноамериканского модернизма, элементы сюрреалистской поэтики, особенно ощутимой в книге «Трильсе» (1922). В 1923 перебрался в Париж, сблизился с французскими, испанскими и латиноамериканскими сюрреалистами (Висенте Уидобро, Пабло Неруда, Тристан Тцара). В 1927 г. посетил СССР. В 1928 г. вступил в коммунистическую партию Перу. В ходе Гражданской войны в Испании тесно сотрудничал с республиканцами. Бедствовал, тяжело болел, но причина его смерти так и не установлена. Похоронен на кладбище Монпарнас. *Источник:* Википедия (*Прим. А. Зарецкого*).

39 Из книги «Чёрные герольды», издательство «Художественная литература». М., 1966 г., стр. 82. Составление А. Гелескула. Предисловие В. Столбова.

40 Напечатано в журнале «Континент», № 41. Париж, 1984. Публикация В. Фромера.

Стихотворение является отрывком из поэмы «ДЗЯДЫ» и ответом на стихи А. Пушкина «Клеветникам России» и «Бородинская годовщина». Пушкин, в свою очередь, ответил Мицкевичу стихотворением «Он между нами жил». См. мемориальную новеллу В. Фромера «Он между нами жил» о работе А. Якобсона над переводом Мицкевича — http://www.antho.net/library/yacobson/about/vladimir-fromer.html#s2 (*Прим. В. Емельянова*).

41 Опубликовано в книге *Поэты Уругвая*. М.: «Художественная литература», 1974. 287 стр. (См. «Об авторстве переводов из Хулио Эррера-и-Рейссига» на стр. 231 настоящего сборника).

КОММЕНТАРИИ

Хулио Эррера-и-Рейссиг (Herrera y Reissig Julio) — уругвайский поэт, драматург и эссеист, основоположник модернизма в национальной поэзии. Эррера-и-Рейссиг — поэт ярко выраженной европейской ориентации; в его творчестве можно выделить несколько стилистических тенденций: В 1902 г. в доме Х. Эрреры-и-Рейссига, возник литературный кружок поэтов-модернистов — «Башня панорам». Там он претерпел переход от романтизма к авангардистскому модернизму и сюрреализму, снискав себе посмертное признание в развитии латиноамериканской поэзии XX века. *Источник*: Википедия. (*Прим. А. Зарецкого*).

[42] Опубликовано в книге Готье Т.: *Избранные произведения в 2-х т.* М.: Гослитиздат, 1972, т. 1, стр. 130–133.

Теофиль Готье не был великим поэтом, поражающим глубиной миропостижения, но был поэтом блистательным. Он один из тех, кто в истории нового времени, может быть, основательнее всех разработал концепцию чистого или автономного творчества. Смолоду Готье тяготел к изобразительным и пластическим искусствам, хотел быть и художником, и поэтом, но стал только поэтом. Его стихи живописны и удивительно пластичны. (*Прим. А. Якобсона*).

[43] Опубликовано в книге: П. Верлен. *Лирика*. М.: Гослитиздат, 1969. 190 стр.

Стихотворение написано в тюремной камере в Бельгии. Время в нём передано движением мыши, пробегающей сперва вечером, и тогда она темнее фона. Ночью она серая, светлее фона. Утром мышь окрашена в цвета зари, в цвета рассвета. Верлен продемонстрировал и предвосхитил зрение своих современников — импрессионистов, хотя, конечно, главная стихия Верлена — музыкальная, а не живописная. (*Прим. А. Якобсона*).

[44] Опубликовано в журнале «Иностранная литература». М., 1969, № 8, стр. 202.

[45] Стихи **Педро Пра́до Кальво** отличаются философско-созерцательным характером. В 1949 г. поэт награждён Национальной литературной премией. «В графе «профессия» у этого человека коротко и ясно обозначено — писатель. Однако, «писатель» — это лишь начало списка. На самом деле, Педро Пра-

до — поэт, художник, архитектор, директор, инициатор, лидер, организатор, вдохновитель, бунтарь... Он стал основоположником чилийского верлибра. Уже этого факта достаточно для того, чтобы имя Педро Прадо осталось в истории литературы вообще и латиноамериканской литературы в частности. Кроме того, Прадо создал немало произведений в жанре, который он сам определил как «поэтическую прозу». *Источник:* **http://verlibr.blogspot.com/2012/10/blog-post_8440.html** (*Прим. А. Зарецкого*).

46 Опубликовано в сборнике стихов «Поэты Чили»: Пер. с исп. / Предисл., стр. 3–24, и коммент. Г. Полонской; М.: «Художественная литература», 1972. — 336 стр., (Б-ка латиноамериканской поэзии).

47 Сонет Педро Прадо XLVIII «Cuando llegue a su término mi historia...» был опубликован изд. «Nascimento» в 1940 г. в книге «Otoño en las Dunas». (*Прим. Э. Думаниса*).

48 **Гонсало Рохас Писарро** (*Gonzalo Rojas Pizarro* (1917–2011) — один из величайших поэтов Чили XX века. Изучал право и педагогику в Национальном университете (Сантьяго). Первый сборник стихов Гонсало Рохаса «Нищета человека» вышел в 1948 году; всего он опубликовал около пятидесяти книг. Был культурным атташе в Китае в 1970–1971 и на Кубе в 1972–1973. После военного переворота 1973-го года жил в изгнании в ГДР (1973–1975), Венесуэле (1975–1980) и США (1980–1994). В 1992 году получил Национальную литературную премию Чили, а в 2003 году награждён одной из самых авторитетных премий испаноязычной литературы — премией Сервантеса. *Источник:* Википедия. (*Прим. А. Зарецкого*).

49 Сокращённая публикация — в журнале «22», Тель-Авив, 1988, №62, более полно — в сб. «Почва и судьба». В квадратных скобках — примечания Майи Александровны Улановской.

50 В Опалихе под Москвой, жил Давид Самойлов. См. стихотворение «Прощание». (*Прим. В. Емельянова*).

КОММЕНТАРИИ

51 Примечания В. Емельянова.

52 Из письма М. Улановской В. Емельянову, 1 августа 2006: «...он [Яков Шульц] говорил о Толе очень тепло, но с большой болью услышал от меня неизвестную ему подробность, что сменившая его врачиха Чечик отменила Толе литий, что могло сыграть роковую роль. Он, вероятно, считает, что не уйди от него Толя, всё бы тогда так не кончилось...».

53 Доклад на семинаре в Еврейском университете в Иерусалиме сделан 17 мая 1978 г. См. наброски лекции: «Детское в творчестве Пастернака...». Якобсон А. А. *Почва и Судьба*. Вильнюс-Москва: Весть, 1992. С. 178–180.

54 **Виталий Александрович Рекубратский** (1937–1977), — биолог, ихтиолог; был женат на двоюродной сестре А. Д. Сахарова, близкий друг А. Якобсона, — покончил с собой 19 сентября 1977 г.

55 Печатается с разрешения Галины Ивановны Медведевой. © Давид Самойлов, наследники, 2018.
  Первая публикация этого стихотворения: День поэзии, Москва. 1989, с. 90. Стихотворение приводится по изданию: Давид Самойлов. *Стихотворения*. Новая библиотека поэта. Санкт-Петербург, 2006, с. 258. В разделе «Примечания» указанного тома на с. 701 помещены авторские пояснения к «Прощанию». Авторы примечаний указывают, что это «...единственный случай, когда Самойлов счел нужным сделать к стихотворению развернутые примечания».
  В архиве Г. И. Медведевой имеется машинопись текста, озаглавленного «Примечания автора к стихотворению «Прощание»:
  1. Ритм и размер этого стихотворения всем показался оригинальным. Покойная М. С. Петровых вспомнила, что подобная строфа есть в одном из переводов Маршака из Бернса...
  2. «Однажды он ушёл от нас...» — имеется в виду отъезд А. Якобсона в Израиль (1973). По этому поводу были большие споры среди его друзей.
  3. «Не веря в праведность судьи...» — бесспорно, одной из главных причин отъезда Якобсона было нежелание предстать перед судом.

4. «Ведь не остался даже пёс...» — уезжая, А.Я. увёз с собой приблудную хромую собачонку по кличке Том, названную так в честь погибшего под поездом нашего пса Тома.
5. «Не зря верёвочка вилась...» — у А.Я. была привычка крутить в руках верёвочку или шнурок. Верёвочка была всегда при нём.
6. «К опалихинским галдежам...» — последние годы перед отъездом А.Я. наша семья жила в поселке Опалиха (29 км от Москвы по Рижской ж.д.). А.Я. часто бывал там, обычно вваливаясь неожиданно в любое время дня и ночи. В Опалиху ездило много народу. Застолье там было постоянным.
7. «Он был назначен целовать плечо пророка...» — А.Я. сам рассказывал, как, здороваясь с Тарковским, целовал ему «плечико».
8. «Бессмертием назвал молву...» — намёк на признание А.Я. в работе о «Вакханалии» Пастернака.
9. «В его мозгу клубился мрак...» — строчка эта вызвала недовольство Л.К.Чуковской. «Здоровых литераторов я не видела», — сказала она.
10. «Застенчивый палач...» — А.Я. лечили большим количеством лекарств, что ему, видимо, не помогало, а лишь усугубляло депрессию.
11. «Но кто б ему наколдовал...» — продолжение спора об отъезде. «Я бы наколдовала», — сказала Л.К.Чуковская.
12. «Он в шахматы сыграл...» — так рассказывали о последнем часе жизни А.Я.
13. «Без индульгенций...» — первая жена А.Я. Майя Улановская писала в одном из писем, что «он поступил жестоко, никого не простив перед смертью».

Из 1-го примечания следует, что текст написан не ранее июня 1979 г. (М.С.Петровых умерла 1-го июня). (*Прим. Г.Ефремова*).

56 **Константин Петрович Богатырёв** (1925–1976) — российский филолог, поэт-переводчик, специалист в области немецкой литературы. Участник Великой отечественной войны. В 1951 г.

Богатырёв, будучи студентом третьего курса филологического факультета Московского университета, был арестован по доносу сексота. Обвинялся в попытке государственного переворота и убийства всех членов правительства. Осуждён по статьям 58–10 и 58–11 Уголовного кодекса РСФСР, приговорён к смертной казни, заменённой 25 годами лишения свободы. Срок отбывал в Сухановской тюрьме и Воркутлаге, где начал переводить с немецкого стихи любимых поэтов, которые помнил наизусть. В 1956 году реабилитирован, вернулся в Москву, окончил филфак университета. Делом жизни считал перевод Райнера Марии Рильке и Эриха Кестнера. Переводил также стихи Ф. Гёльдерлина, А. фон Шамиссо, П. Целана, Г. Тракля, Б. Брехта, И. Бахман, прозу (К. Манна, Томаса Манна, Гёте) и драматургию (К. Ф. Хеббеля, М. Фриша, Ф. Дюрренматта). Именно К. П. Богатырёв познакомил А. Д. Сахарова с Генрихом Бёллем летом 1975 г.

26 апреля 1976 г. был зверски избит в подъезде своего дома. В бессознательном состоянии доставлен в больницу. 18 июня Константин Петрович Богатырёв умер. «Ни исполнители преступления, ни его заказчики до настоящего времени не известны, хотя в общественном сознании утвердилось мнение, что это была своего рода «акция устрашения» со стороны КГБ». Похоронен на Переделкинском кладбище. *Источники*: Википедия; Константин Азадовский «Генрих Бёлль и советские «диссиденты»; **http://www.colta.ru/articles/boell/16711#xxi** (*Прим. А. Зарецкого*).

57 Ованес Туманян. *Избранное*: пер. с армянского — М.: Художественная литература, 1988 г., — 388 с. ISBN 5280002186. Перевод опубликован на стр. 283. Имя автора перевода указано в разделе «Содержание» на стр. 363. (*Прим. А. Зарецкого*).

58 **Магда Георгиевна Джанполадян** — член Союза писателей Армении (1984). Профессор кафедры теории литературы и критики Ереванского государственного университета. Многочисленные исследования посвящены истории армянской литературы, вопросам литературных взаимосвязей, теории и практике художественного перевода. *Источник*: **http://www.litarmenia.am/**

59 «Постараюсь помочь Вам в вопросе авторства перевода стихотворения Туманяна «Впечатления». Перевод этот принадле-

жит Н. И. Гребневу. Составляя московский сборник 1988 года, я опиралась в основном на первый том юбилейного ереванского трехтомника 1969 года, редактором которого была Мария Петровых. В оглавлении переводы, сделанные специально для этого юбилейного издания, помечены звездочкой. Именно так отмечены и «Впечатления», и указан переводчик – Гребнев. Надо доверять этому изданию. В оглавлении московского издания допущена ошибка (этой технической стороной – оглавлением – я, увы, не занималась). Есть и другие – косвенные доказательства того, что переводчик этого стихотворения – Гребнев. Я хочу привести несколько выдержек из книги Левона Мкртчяна о Марии Петровых. Вы, наверное, знаете, что первый и единственный прижизненный сборник Марии Петровых – «Дальнее дерево» – был издан в Ереване стараниями Левона Мкртчяна в 1968 году. А в 2000 г. вышла в свет книжка Л. Мкртчяна «Так назначено судьбой» (Ереван, изд. Российско-Армянского университета). Подзаголовок книги – «Заметки и воспоминания о Марии Петровых. Письма Марии Петровых.» Поскольку Л. Мкртчян уговорил М. Петровых быть редактором поэтического тома Туманяна, ее письма 68–69 годов содержат огромную информацию о том, как создавался этот том. Приведу некоторые отрывки, связанные с А. Якобсоном. М. Петровых информировала Л. Мкртчяна о том, кому она предлагала переводы стихотворений. Не все письма датированы, некоторые даты указаны приблизительно.

На с. 123 (начало июля 1968 г) читаем: «Все, что осталось от Ахмадулиной, кроме «Верблюда и мухи» – это я отдала Якобсону. Якобсону же отданы стихи: «Зов», «В горах», «В Кошакаре резвился я», «Саят-Нова», «Иллюзия». (Имеется в виду «Видение». От себя хочу сказать, что перевод стихотворения «Видение» меня восхищает. – *М.Д.*).

На с. 132. (начало декабря 1968): «Якобсон перевел 7 стихотворений превосходно. На будущей неделе я Вам пришлю. (Если Вы получаете «Иностранную литературу», то, вероятно, читали в 11-м номере его прекрасные переводы с испанского)».

На с. 133. (начало декабря 1968 г) (но это уже другое письмо – *М. Д.*): «Мне надо, чтоб у меня был весь сборник Туманя-

на. И, кстати, я хочу сличить переводы стих. «Впечатления» — Гребнева и Голубкова».
     Думаю, эта последняя строчка — еще одно веское доказательство того, что «Впечатления» перевел Гребнев». (*Из письма М. Г. Джанполадян А. Зарецкому.*)

60 **Наýм Исáевич Грéбнев** (1921–1988) — русский советский поэт, переводчик народной поэзии и классических поэтов Кавказа и Востока. В его переводах или с его участием вышло более 150 книг. В частности, Наум Гребнев переводил гениев армянской поэзии: Григора Нарекаци, Наапета Кучака, Давтака Кертога, Фрика, Констандина Ерзнкаци и др. (для антологии «Армянская средневековая лирика» Л. 1972), а также Ованеса Туманяна. Н. Гребнев автор книг «Шедевры библейской поэзии» и «Песни былого. Из еврейской народной поэзии». *Источники*: Википедия; М. Г. Джанполадян (*Прим. А. Зарецкого*).

61 Перевод Наума Гребнева, © 1988 М. Н. Гребнев. *Источник*: Ованес Туманян, *Избранные произведения в 3-х томах*. Том первый. Стихотворения. Легенды и баллады. Поэмы. Изд-во «Айастан». Ереван 1969 г., 385 стр. Публикуется в авторской редакции с разрешения Михаила Наумовича Гребнева.

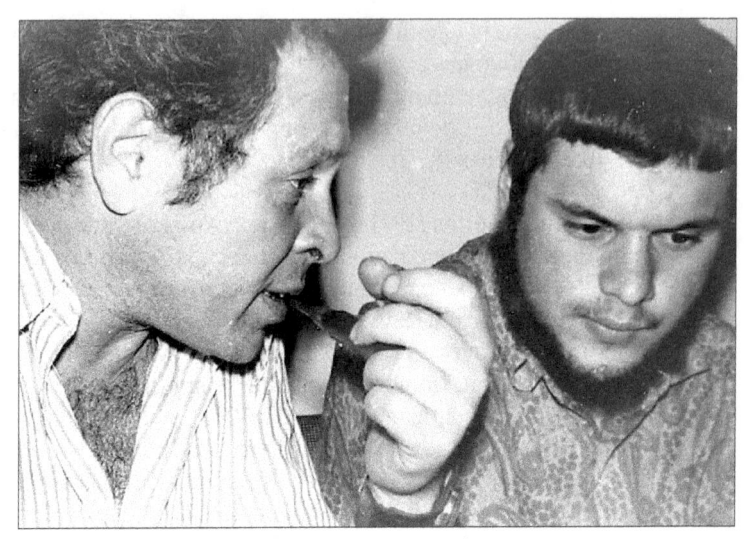

Анатолий Якобсон с сыном Александром

Из последних фотографий, 1978 г

АННОТАЦИЯ

«Свободное дыхание печали».
Поэзия в переводах Анатолия Якобсона.

M·Graphics, Бостон 2018

Анатолия Якобсона (30 апреля 1935, Москва — 28 сентября 1978, Иерусалим) можно без каких-либо скидок назвать выдающимся литератором и педагогом. Он всей судьбой и творчеством олицетворяет время, в которое ему довелось жить, и жить совсем недолго... Он — коренной, прирождённый «шестидесятник», человек Оттепели — принявший и горячо поддержавший её, проживший её и переживший, воплотивший её всем существом и трагической гибелью.

В 1973 году нью-йоркское издательство им. Чехова (Эдвард Клайн и Макс Хэйворд) опубликовало «Конец трагедии», его книгу об Александре Блоке... Как и любимый поэт, Анатолий Якобсон расстался с жизнью, не сумев научиться дышать в новых условиях, в новых пространствах и временах.

До эмиграции А. Якобсон был некоторое время учителем истории и литературы в одной из лучших российских школ. Ученики до сих пор помнят и чтят замечательного преподавателя, человека редкой естественности, порядочности и образованности.

Анатолий Якобсон оставил яркий след в истории советского правозащитного движения, его перу принадлежат уникальные образцы публицистики и критики. Он был одним из первых составителей и редакторов знаменитой «Хроники текущих событий» — летописи политических репрессий и общественной борьбы в СССР, которую власти так и не смогли подавить и растоптать.

Исключительный литературный вкус и способности к стихосложению не смогли, по многим обстоятельствам, адекватно проявиться в оригинальном творчестве Анатолия Якобсона. Но его переводческие опыты и свершения — чрезвычайно высоко оценены лучшими специалистами и любителями поэзии.

Настоящее издание — первое полное собрание поэтических переводов Анатолия Якобсона — из поэзии Петрарки, Верлена, Лорки, Эрнандеса, Готье и Мицкевича и других поэтов Европы, Латинской Америки и Африки, — выполненных им в 1959–1978 гг. — приурочено к 40-й годовщине его трагической гибели. Сборник включает переводы А. Якобсона, вошедшие во многие поэтические сборники, изданные на его родине, а также в книгу А. Якобсон «Почва и судьба», Вильнюс–Москва, 1992, издательства «Весть» и Мемориальную Сетевую Страницу (МСС) А. Якобсона при интернет-портале «Иерусалимская Антология» **http://www.antho.net/library/yacobson/index.html**.

В разделе «Приложения», читатели найдут знаменитую статью А. Якобсона о переводах 66-го сонета Шекспира, отрывки из дневников Анатолия Александровича и его лекции о переводах.

Книга адресована как профессиональным исследователям стиха, историкам русской словесности и её знатокам, так и всем тем, кто ценит полнокровную поэтическую речь, для кого она — сама жизнь, её состав, её вкус и воздух.

ANNOTATION

«The Serene Breathing of Sadness»:
Poetry in Translations by Anatoly Yakobson.

M·Graphics, Boston 2018

Anatoly Yakobson (April 30, 1935, Moscow—September 28, 1978, Jerusalem) can be called without any exaggeration an outstanding literary scholar and teacher. In his fate and his creativity, he personified the time in which he happened, for the short time he had, to live in it. He was a born «man of the sixties», of the Thaw, which he fervently supported; he lived in it and survived it, embodying it with all its essence and tragic ruin.

In 1973 the New York Chekhov Publishing Corporation (Edward Kline & Max Hayward) brought out in Russian «The End of Tragedy», his book about Alexander Blok. Like his favorite poet, Yakobson too parted ways with life, being unable to learn how to breathe in new conditions, in new spaces and times.

Before emigration, A. Yakobson was for a while a teacher of history and literature in one of the best Russian schools. He students still remember and honor this remarkable teacher, a man of rare naturalness, decency, and education.

Anatoly Yakobson left a bright mark in the history of the Soviet human-rights movement; to his pen belong unique examples of journalism and criticism. He was one of the first drafters and editors of the famous Chronicle of Current Events, a journal detailing the political repression and social struggle in the USSR which the authorities were not able to suppress or trample.

Yakobson's exquisite literary taste and his capacity for poetic composition could not be adequately realized in much original work of his own. But his translations are highly appreciated by the best specialists and lovers of poetry.

The current edition is the first complete collection of his translations: Petrarca, Verlaine, Lorca, Hernandez, Gauthier, Mickiewicz, and others from Europe, Latin America, and Africa, made between 1959 and 1978 and published now in honor of the 40th anniversary of his tragic death. The collection contains translations which were published in many collections in his homeland, as well as in A. Yakobson. «Soil and Fate» (Vilnius-Moscow 1992, «Vest'» Publishers) and in the Memorial Web-Page (MCC) of A. Yakobson at the Internet portal «Jerusalem Anthology» **http://www.antho.net/library/yakobson/index.html.**

In the Addendum, readers can find Yakobson's famous article about translations of Shakespeare's 66th Sonnet, selections from his diary, and his lecture on poetry translation.

This book is addressed to professional scholars of poetry, to historians and admirers of Russian literature, and to all those who value full-blooded poetic speech, for whom poetry is life itself, its very air.

Содержание

От составителей 7
Анатолий Гелескул
Русская поэзия была его пристанищем на земле. 17

Поэтические переводы

Из английской поэзии
Гилберт К. Честертон
Стихи из романа «Перелётный кабак»
«В городе, отгороженном непроходимой тьмой...».. 29
«Когда святой Георгий...»................. 30
Монсеньор Рональд Нокс
Сонет, прочитанный на заупокойной мессе
16 июня 1936 г. 31
Хилэр Беллок
«Все говорят, что мужество и честь...» 32

Из аргентинской поэзии
Хосе Мармоль
Росасу, 25 мая 35
Эстанислао дель Кампо
Фауст (Разговор двух гаучо)................ 37
Неизвестный автор
Песенка............................ 44

Из армянской поэзии
Ованес Туманян
Зов............................... 47
В горах 50
Христос в пустыне..................... 51
В Кошкаре 52
Видение............................ 52
Из псалмов скоби
1. «Когда Господь, ты нас от муки смертной...»... 54
2. «Боже, дни прошли, как дым ползучий...»..... 54

269

Из венесуэльской поэзии
Андрес Бельо
Сельскому хозяйству в тропической зоне 57

Из еврейской поэзии (идиш)
Айзик (Исаак) Платнер
Рассвет 63
Песня о радости .64
Человеческое слово. 66
Осенние вечера. 68
Осеннее солнце. 70

Из испанской поэзии
Тирсо де Молина
Письмо 73
«Ведут и камни разговор...» 74
«Прохожий, в изумленьи видишь ты...» 75
Песня 76

Федерико Гарсиа Лорка
Крик. 79
Ай!. 79
Песня всадника. 80
Глупая песня. 81
Вечер 82
Незамужняя на мессе 82
Солеа 83
Нежданно 83
Тишина 84

Мигель Эрнандес
Обрушился с неби поток долгожданный 85
«Вот лилия, проснувшись на холме...». 86
«Спасибо, сестра, за усердье...» 86
«Как муравьи в своей смиренной доле...» 87
«Ты золотой лимон издалека...» 88
«Как в саду тебя увижу я...» 88
«В каком-нибудь селении высокий...» 89
«Я знаю посвист. Не восторгом чистым...» 90
«Когда этот луч перестанет струиться, терзая...». . .90
«Как бык, порождён я для боли...» 92
«Проходят по тропинке сокровенной...» 94
«Смерть в бычьей шкуре движется слепая...» 94

«Любовь взошла над нашими телами...» 95
«Пляшет холодный пепел...» 96

Из итальянской поэзии
Франческо Петрарка
На жизнь донны Лауры
«И эта царственность, и скромность эта...» 99
«Днём плачу я. Когда ж забыв мирское...» 99
«Какой вершится надо мной закон...» 100
На смерть донны Лауры
«О зависть звёзд! Кляну свою судьбину...» 101
«В крылатом помысле на небесах...» 101

Из камерунской поэзии
Франсис Бебей
  Маска Ифе 105
  Оптимизм 107

Из конголезской поэзии (Заир)
Клементина Нзужи
  Движения 113
  Зеркало 114
  Занесённый ко мне 114
  Вечер 115
  Нет, не моя вина 116

Из кубинской поэзии
Хуан Кристобаль Наполес Фахардо (Кукаламбе)
  Кауто 119
  Атуэй и Гуарина 119
  Ничто 122
  Мой портрет 123
  Мои пороки 125
  Дом поэта 126

Эфрен Мартинес Каланья
  Наряд женщин 127

Чео Альварес
  На победу революции 129
  Свобода 130

Франкестен
  Без надежд любви 131

Леонсио Янес
 Открытие табака 133

Оросман Эстрада
 Ураган 135

Из осетинской поэзии
Хаджи-Мурат Дзуццати
 Мать в трауре 139
 «Надо мной в вышине журавли пролетают...». . . . 143
 Воспоминание 146

Из перуанской поэзии
Сесар Вальехо
 «Мне страшен...» 153

Из польской поэзии
Адам Мицкевич
 К русским друзьям 157
 Владимир Фромер. Голос с того света
  (Послесловие к публикации) 160

Из уругвайской поэзии
Хулио Эррера-и-Рейссиг
 Очарованная Силес 165
 Пробуждение 168
 Возвращение 169
 Сиеста 169
 С полей 170
 Притолока жизни 171
 Печальное видение 172

Из французской поэзии
Теофиль Готье
 Ужин доспехов 175
 Кармен 180

Поль Верлен
 Наваждение 181
 Осенняя песня 182

Из чилийской поэзии
Педро Прадо
 «За словом слово я возвёл чертог...» 185
 «Когда, покончив с повестью земною...» 187

«Какое надо мной висит заклятье...» 187
Старухи на дорогах 188
Перелётные птицы. 189

Гонсало Рохас
Солнце — семя жизни 191
Эта неповторимость, по имени Хорхе Касерес. 194
Что любят, когда любят? 194
Вечность 195

Приложения

**Запись выступления А. А. Якобсона
на поэтическом вечере в Иерусалиме** 199

Список книг с переводами А.А.Якобсона 202

А. А. Якобсон. *О мастерстве перевода:
два решения, или ещё раз о 66-м сонете* 204

Из дневников
Тетрадь 1 (23–30 июля 1974) 211
Тетрадь 3 (14 августа — 5 сентября 1974) 213
Тетрадь 5 (27 декабря 1977 — 16 августа 1978). 217

Два письма в Москву. 219

Давид Самойлов. *Прощание* 227

Об авторстве переводов из Хулио Эррера-и-Рейссига. . 231

Послесловие 237

Комментарии 240

Аннотация 254

www.ingramcontent.com/pod-product-compliance
Lightning Source LLC
Chambersburg PA
CBHW071654090426
42738CB00009B/1526